倫敦塔真正的守護者

2014 年 10 月 16 日
女王伊麗莎白二世陛下蒞臨鎖鏈聖彼得皇室禮拜堂復原完成啟用典禮

▶ 女王陛下的宮殿與城堡──倫敦塔的皇家近衛軍儀仗衛士，與君主的英國皇家衛隊衛士
──克里斯多福·斯卡夫
（作者本人照片）

倫敦塔空拍景象

《血染大地與紅海》

血與餅乾，請享用！

渡鴉：請小心應對

超近距離特寫

在特拉法加廣場
上餵鴿子

我或許是隻渡鴉，但我可是鳥中雄獅

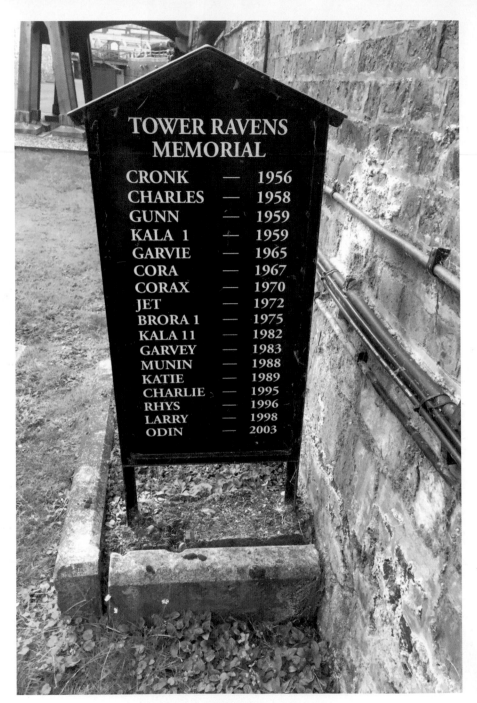

渡鴉紀念碑

[皇家近衛軍儀仗衛士・渡鴉大師]
克里斯多福・斯卡夫 CHRISTOPHER SKAIFE —————— 著

周彧廷 ————— 譯

渡鴉
大師

THE
RAVENMASTER

MY LIFE WITH THE RAVENS
AT THE TOWER OF LONDON

我 與 倫 敦 塔 的 渡 鴉

本書獻給女王陛下的宮殿與城堡——**倫敦塔的渡鴉**

並謹以此書紀念
馬丁・哈利斯（Martin Harris）

渡鴉凝視的歷史：倫敦塔的生與死

黃宗潔 ‧ 國立東華大學華文文學系教授

　　斷頭台、囚禁、酷刑、鬼魂⋯⋯數百年來和這些名詞連在一起的倫敦塔，是個令遊客又愛又怕的地方。亨利八世的六位妻子當中，就有兩位在此被處死，其中安妮‧博林（Anne Boleyn）更是倫敦塔至今最知名的「常駐鬼魂」；至於被帶到倫敦塔之後就神祕失蹤的愛德華五世及其兄弟，究竟是否被他們的叔父理查三世殺害？也為此處的暗黑歷史增添不少懸疑氣氛。如果來到倫敦塔觀光，皇家近衛軍儀仗衛士將會在導覽時繪聲繪影地為你介紹這些被渲染上神祕色彩的舊日傳奇，如果你運氣夠好，遇到本書作者——渡鴉大師（Ravenmaster）克里斯多福‧斯卡夫（Chris Skaife），或許還能聽到更多倫敦塔另一個不可或缺的主角：渡鴉的故事和日常。

倫敦塔中的渡鴉，本身就是傳說的一部分，而牠們的存在無疑又加深了前述倫敦塔的幽黯形象。儘管本書並非唯一介紹倫敦塔渡鴉文化的作品，美國學者 Boria Sax 的 *City of Ravens* 就曾梳理過這種迷人鳥類在英國文化中扮演的角色，但《渡鴉大師：我與倫敦塔的渡鴉》有著其他相關研究都無法企及的優勢，就是斯卡夫長期負責照顧倫敦塔渡鴉的經歷，讓他可以從最細微之處，生動地勾勒出每一隻倫敦塔「現任渡鴉」的性格、愛好、生活習慣，以及互動模式，讓渡鴉從身兼吉祥物與不祥預兆的矛盾身分中，還原成長居於倫敦塔的住民。這些渡鴉在倫敦塔的生活史，不只折射出人與動物關係的演變史，斯卡夫對於如何兼顧傳統文化與當代意識的思考，更是格外值得留意之處。

事實上，在倫敦動物園成立之前，倫敦塔一直是英國皇室豢養各種珍禽異獸之處，它是動物園的前身。但倫敦塔之所以至今仍維持著飼養渡鴉的傳統，則是受到那個知名傳說的影響：查理二世下令至少要讓六隻渡鴉留在倫敦塔，否則大英帝國將會瓦解──不過，斯卡夫不只透過對歷史文獻的研究，指出在十九世紀末之前，並沒有任何關於渡鴉傳說的記載，更以幾次驚險的渡鴉逃脫事件，「證明」了大英帝國不會因此瓦解。

那麼，為什麼還要在倫敦塔養渡鴉？尤其是，你如何讓這麼聰明機智的鳥類，自願留下？斯卡夫並不諱言，早期飼養渡鴉

的方式，若以今日動物福利的眼光來檢核，顯然是不及格的：牠們從被關在地下室、關在鑲在牆上的暗箱內、逐漸演變到將單邊翅膀的初級飛羽（primary）和次級飛羽（secondary）修剪掉，以限制行動能力換取較大的自由。但是，「身為渡鴉大師，我認為我的職責，就是延續讓渡鴉居住在倫敦塔的傳統，但確保這個傳統的運作方式在二十一世紀依然適當也是我的工作。」（頁84）尤其在某次修剪飛羽造成了悲劇之後，他更篤定飼養方式必須修正。如今，渡鴉們晚上住在一個專屬的大型圈地以免狐狸攻擊，白天則自由在外活動，只定期修剪最低限度的次級飛羽——如果牠們願意，其實還是有離開的能力。

但斯卡夫對於「在二十一世紀依然適當」的標準，顯然不止於此，而是更進一步地把渡鴉當成人來看待。把渡鴉當成人，不是擬人化，更不是教牠們說出關於渡鴉的詩句，而是真心地去理解牠們的需求和個別差異，看見牠們如同人一般的情感：在一個團體中彼此會有衝突、不合，也會為伴侶或密友哀悼。書中最動人的段落之一，莫過於渡鴉梅林娜在倫敦塔以陶瓷罌粟花海紀念一戰百年的活動期間飛出塔外，俯視著護城河下方「種花」的志工們，斯卡夫找到牠的時候，卻非責怪牠的逃脫，而是說：「其實我很高興牠看見了罌粟花海。就像我們一樣，牠也有很多祖先都在戰場上過生活，因此在這個紀念故人的時刻，牠跑去那裡也

是合情合理，都是一種生命的循環。」（頁175）

　　在這個召喚無數亡魂的所在，透過斯卡夫筆下既迷人且複雜的渡鴉身影，我們得以更深刻地感受到生與死的重量。渡鴉們想必不會在乎傳說，也不在乎大英帝國的命運，但是牠們依然選擇留在倫敦塔內，是因為這就是牠們的家。牠們在此見證歷史，亦將埋骨於此，延續著倫敦塔的故事與記憶。

CONTENTS
目 錄

· ———— · **C h a p t e r 1** · ———— ·

Silhouette
剪 影

　　現在是清晨五點三十分，正值秋季，倫敦剛嶄露出第一道曙光。我在鬧鐘響起前就起身下床，摸黑更衣後便立刻出門，連喝一杯茶的時間都沒有；因為我總是擔心有壞事會在一夜之間發生，要是真的出了差錯，情況可是會非常不妙。

　　我已經聽見卡車、白色廂型車還有早起的通勤族進城了，紛紛湧進塔橋路（Tower Bridge Road）、芬喬奇街（Fenchurch Street）和倫敦大橋（London Bridge）——這種嘈雜聲，就是城市甦醒的聲音。

　　我趕緊登上燧石塔（Flint Tower）旁的旋轉石梯，曙光照亮了倫敦市的天際線，在我背後一閃一閃。我看見了舊倫敦港務局大樓（Port of London Authority Building），它曾經負責掌管進出整條泰晤士河的船隻，如今成了一間高級飯店；而舊港務局大樓的後方，坐落著高聳新穎的摩天大樓，分別是有著滑稽外號

的「起司刨刀」大樓（the Cheesegrater）、「對講機」大樓（the Walkie-Talkie），還有「小黃瓜」大樓（the Gherkin）。

穿越鎖鏈聖彼得皇室禮拜堂（the Chapel of St. Peter ad Vincula）和滑鐵盧營房（Waterloo Barracks）後，再踏上外頭的綠地（Tower Green）[1]，就會嗅到道地的倫敦氣息，混合著車輛廢氣、泰晤士河、現磨咖啡，還有綠地剛除過草、甜美卻又突兀的青草香。倫敦塔橋聳立在眼前，貝爾法斯特號（HMS Belfast）也安穩地停泊在泰晤士河南岸。

倫敦塔裡空無一人，只有我，和千年歷史的暗影。

我高喊一聲，起初天空一片寂靜，於是我再次呼喊。當我掃視天際線時，總會面臨這種緊張的時刻，但我看見牠了，棲息在倫敦塔樓的一片屋頂上，藍灰色的曙光映出了牠的剪影。

「早安。」我說道。

一個美好的早晨就這麼開始了。

所有渡鴉全都待在倫敦塔的家。

我又能鬆一口氣，英國再次度過了平安的一天。

---

1 綠地（Tower Green）一般又俗稱為綠塔，其實只是一片草地，曾是用來處刑貴族的地方。

Chapter 2

Ravenmaster

渡 鴉 大 師

我的職業常被稱為是不列顛群島中最「古怪」的工作。

古怪嗎？或許吧。但肯定是最棒的。

我是克里斯多福・斯卡夫（Chris Skaife），我是倫敦塔的渡鴉大師。

我的官銜是「**女王陛下的宮殿與城堡——倫敦塔的皇家近衛軍儀仗衛士，與君主的英國皇家衛隊衛士——克里斯多福・斯卡夫**」（Yeoman Warder Christopher Skaife, of Her Majesty's Royal Palace and Fortress the Tower of London, and member of the Sovereign's Body Guard of the Yeoman Guard Extraordinary）。外界一般認為，皇家衛隊是目前世上最古老且尚存的近衛軍，成軍日期可追溯回亨利七世掌權時期，大約是在一四八五年的博斯沃

思原野戰役（Battle of Bosworth Field）之後。所有皇家侍衛成員，
不論男女都曾服役，服役期間維持至少二十二年的無瑕疵紀錄。
我們是倫敦塔的禮兵。原則上，我們得看守倫敦塔中的每一位囚
犯以及保護王權御寶；但在實務上，我們則擔任導遊以及禮儀侍
衛。我們就住在倫敦塔裡；有句俗話說「我的家就是我的城堡」，
對我們而言，城堡一詞還真是所言不假！

　　我該如何向你解釋倫敦塔的角色呢？倫敦塔是建來當作堡
壘及皇宮的，但也曾經是監獄、火藥庫、皇家鑄幣廠以及皇家軍
械庫。在倫敦塔約半哩外路程處成長的一位偉大的早期英國史學
家約翰・史鐸（John Stow），於一五九八年出版的《倫敦調查》
（Survey of London）中，寫下了最貼切的總結：

　　這座塔是捍衛或指揮城市的堡壘，
　　是舉辦集會或簽訂協議的宮殿，
　　是禁錮凶惡罪犯的國家監獄，
　　是此刻全英格蘭唯一的鑄幣廠，
　　是存放戰備供應品的軍械庫，
　　是收藏王冠珠寶和首飾的寶庫，
　　還是保存西敏寺皇家司法院多數紀錄的檔案庫。

正好點明了所有倫敦塔的功用。如今，我們每年都會迎來約三百萬名遊客參訪。

●

遊客及當地居民可以在倫敦拜訪許多知名景點：例如西敏寺（Westminster Abbey）、國會大廈（Houses of Parliament）、白金漢宮（Buckingham Palace）、肯辛頓宮（Kensington Palace）、裘園（Kew Gardens）、漢普頓宮（Hampton Court Palace）、大英博物館（the British Museum）、帝國戰爭博物館（the Imperial War Museums）、維多利亞與亞伯特博物館（the Victoria and Albert）、科學博物館（the Science Museum）、自然歷史博物館（the Natural History Museum）等等，這份名單怎麼寫也寫不完。若你想鑑賞巴洛克式的室內裝潢，請前往任一座由尼可拉斯·霍克斯摩爾（Nicholas Hawksmoor）建造的教堂；如果你愛好戰後的粗獷主義派建築，快拜訪皇家節慶廳（Royal Festival Hall）；如果你想欣賞遼闊的景色，你可以前往漢普斯特德公園（Hampstead Heath）、櫻草丘（Primrose Hill）或是登上碎片大廈（The Shard）之頂。相信你心中已經有想拜訪的劇院、音樂廳、餐廳和咖啡館了，但依我個人淺見，不用懷疑，我認為倫敦塔依然是倫敦最棒的景點。

為什麼？這個嘛，最顯而易見的事實就是我們可是第一個

景點。征服者威廉一世（William the Conqueror）在一〇六六年的哈斯汀戰役（Battle of Hastings）中擊敗哈洛德國王（King Harold）後，他決定打造一個勝利的象徵，建造一座能彰顯自身強權和力量的紀念碑，因此大約在一〇七〇年代晚期，白塔（White Tower）便開始動工了，這是英格蘭中最雄偉且大膽的建築工程。倫敦塔原本是建來當作力量的象徵，時至今日也依然如此：在我看來，更是英國國內宣言建築（statement architecture）的最佳典範。倫敦或許永遠都在自我改造，但倫敦塔依舊長存。一六六六年的倫敦大火燒毀了舊倫敦的許多地方；從那時起，新門監獄（Newgate Prison）沒了，古倫敦橋慘遭祝融，許多聖凱瑟琳碼頭（St. Katherine Docks）附近的大型倉庫也付之一炬。就連在我任職於倫敦塔期間，倫敦也有所改變：碎片大廈和對講機摩天大樓冒出地表，還蓋了倫敦橫貫鐵路（Crossrail，即伊莉莎白線）和碼頭區輕便鐵路（Docklands Light Railway，簡稱DLR），倫敦東區也開始仕紳化（gentrification）。然而，在這一切改變之中，倫敦塔依然屹立不搖；它已見識且參與過一切改變，更曾是變化中的一部分。倫敦塔擁有雄偉的架構、華麗的盛典，以及一段充滿死刑與酷刑的血腥歷史，當然了──還有渡鴉。

目前倫敦塔裡有七隻渡鴉。身為渡鴉大師，我要保障牠們的

安全以及增進其福祉。我負責照顧渡鴉，而渡鴉也眷顧著我們。根據古老的傳說，如果渡鴉消失了，不僅倫敦塔本身會化為塵土，大英帝國也會遭逢厄運。

本書將為你解答我最常被問到有關倫敦塔渡鴉的問題：渡鴉最初為何會出現在倫敦塔？關於渡鴉的神話及迷信是從何而來？我如何照顧渡鴉？我都餵渡鴉吃什麼？誰可以為渡鴉命名？渡鴉死後會發生什麼事？牠們是如何又為何會留在倫敦塔？

我在一開始就要清楚表明，本書並不是科學研究。雖然多年來，我有幸能和許多前來研究我們的渡鴉、以及撰寫關於渡鴉的學術期刊和報告的科學家會面，並幫助他們。但我不是科學家。儘管我擁有多年照顧渡鴉的經驗，但我並沒有任何與鳥類相關的正式資歷或證書。我不是專業的鳥類學家，我真的只是一個無比幸運的平凡人，有幸能陪伴世上最知名的鳥兒進行例行公事，並且和牠們共度我人生的大半時光。本書是關於我和倫敦塔渡鴉的生活與工作，以及如何成為渡鴉大師。

●

我出生並成長於英格蘭東南方肯特郡的多佛港。我最早的記憶，是當我還不太會走路時，我爬上了家裡客廳的窗檯，趴在那兒蓄勢待發，雖然後來被拉回去了，但那是我最早開始爭取自由的舉動。還有一次是過了幾年之後，我爬上了一棵古老又粗糙的

樹木，當我爬到鄰居家溫室的正上方後——我便往下一跳。我想看看會發生什麼事，結果就是我直接撞破了玻璃，我到現在都還能展示那個疤痕。

到了我大約十五歲的時候，我和一幫孩子翹了課，就會跑去樹林裡或當地的小山丘玩。我們忙著生火、喝蘋果酒、偷東西還有四處閒晃。我們會用帶鞘的刀挖出洞穴、製作弓箭，還會闖進舊儲藏室和車庫裡，看看裡頭有什麼東西，就只是為了搗蛋。我們還會買煙火，把爆竹放在車子的排氣管中，或讓它們從老舊的水管中發射。我們也偷過幾輛重型機車，騎去小山丘上進行越野比賽。我們曾試圖偷過一輛福特的安格利亞（Anglia），但它的電池沒電了，我們也馬上被警察逮個正著，我記得我還因此挨了一記耳光。

我不是個壞孩子，但我也不是最優秀的。

那時是一九八一年，正值首相柴契爾夫人掌權期間。若你打開電視，新聞全都在報導「約克郡屠夫」（the Yorkshire Ripper）、愛爾蘭絕食抗議（the Hunger Strikes）、布立克斯頓（Brixton）以及托克斯泰斯（Toxteth）的暴動、國民陣線（the National Front）發起示威遊行、伊諾克·鮑威爾（Enoch Powell）正大言不慚地高談種族戰爭、愛滋病逐漸成為一場全球危機、失業率也瘋狂飆升。不僅如此，愛爾蘭共和軍（IRA）更

用炸彈攻擊平民和士兵。那時候的確可以算是英國歷史上一段頗為困頓艱難的時期。

我們這些學生當時正立足於下一個十年的開端，男孩女孩都正要離開校園，準備踏上屬於自己的冒險。

我的父母開始擔心了。我當時菸酒不離手又愛跑趴、偷溜出去睡在小山丘上，還會和其他幫派打群架，我能有什麼發展？

後來某一天，一位陸軍的募兵顧問來學校訪問，恰好是我沒翹課的日子。

就像當時的許多孩子一樣，我的童年有大量時間都在玩第二次世界大戰的扮家家酒：把玩玩具士兵、和朋友演出戰鬥橋段、玩些同盟國對上納粹之類的遊戲；還會看一九七〇年代的老戰爭漫畫——《勝利者》（*The Victor*）、《軍閥》（*The Warlord*），還有《戰鬥》（*Battles*）。當然了，那時候電視上還播著《老爸上戰場》（*Dad's Army*）、《警網鐵金剛》（*Kojak*）、《無敵金剛》（*The Six Million Dollar Man*）、《功夫》（*Kung Fu*），還有《浩劫餘生》（*Planet of the Apes*）——都是一些善惡之爭、硬漢搏鬥之類的劇情。因此，當募兵顧問向我們演講並發下關於從軍的傳單後，我覺得這似乎是個不錯的主意，可以過著一種充滿冒險、好人打擊壞人還有硬漢挺身而戰的生活。我把傳單帶回家後和爸媽聊了聊這件事；他們大概也想著，如果不去從軍的話，兒子最後只會

鋃鐺入獄吧。

我和媽媽前往多佛市內舊的陸軍招募處（Army Careers Information Office），那個單位只是個小小間的紅磚屋，隱匿在懸崖底部，緊鄰著東碼頭區和渡輪碼頭。裡頭坐著一位又老又胖的招募官，你可以看得出來他簡直無聊到快發瘋了。只要做一份基本的識字和數理能力測試再簽個名，就算是入伍了。我就這樣加入軍隊了。

這是我有史以來做過最棒的決定。

接著，我前往迪普卡特軍營（Deepcut Barracks）進行體適能測驗、面談還有一般知識測驗。由於我的測驗結果非常優異，營區的人便問我想不想學個一技之長。我們英國人把我這種人稱為「搗蛋鬼」，但我並不笨。我原本可以選擇受訓成為工程師，甚至是獸醫助理。我本來可以學個不錯的專長，但當時福克蘭戰爭（Falklands War）已經開打了，而我只想當個軍人學習用槍並投身沙場，所以我選擇當一名傳統的士兵。一九八二年的六月十八日，我離開了學校。父母載我到多佛修道院（Dover Priory）火車站，向他們揮手道別後，我就以童兵的身分加入了軍隊，前往位在巴辛波恩（Bassingbourn）的青年步兵營。不過，我後來才知道，就在入伍的幾天之前，英軍已經從阿根廷手中收復史坦利港（Port Stanley），福克蘭戰爭也宣告結束。當時我

十六歲半，這就是我將近二十五年軍旅生涯的開端；這份職業讓我踏足全世界，最終引領我來到倫敦塔，一腳踏進了我的好朋友——渡鴉的生活中。

　　我非常幸運能有兩種職涯：一是軍人，二是英國皇家近衛軍儀仗衛士（Yeomen Warders）。身為軍人，我見過人類所能做出的極善與極惡之事。而身為渡鴉大師，我則被賦予了特權，能夠觀察這些世上最非凡的非人物種之生活與行為。我從渡鴉身上學到的其中一件事，就是牠們竟然與人類十分相似：牠們多才多藝、適應能力強，是雜食性動物；可以十分殘酷，也可以極為仁慈。而且整體而言，渡鴉之間也能相處融洽。在了解這些渡鴉的過程中，我發現了許多人之所以為人的特質：我學會了傾聽、觀察還有靜下心來。這些渡鴉就像我的老師，而我就是牠們的學生。

·

　　有一張照片是在我還是小男孩時，參加倫敦校外教學拍的。地點在特拉法加廣場（Trafalgar Square）。我們那一天要從肯特郡搭火車前往倫敦，這可是一大享受——是倫敦耶！照片中的我屈膝跪著，穿著一條喇叭褲，頭上頂著西瓜皮髮型，畢竟是一九七〇年代嘛，我正當時專心地餵著鴿子。你可以從照片中發現我全神貫注，臉上的表情也透露出我正在想著——那些鳥兒可

真有意思。

　　我到現在依然能感受到那種魔力，希望閱讀完本書後，你也會對鳥兒著迷。

Chapter 3

The Rules
基　本　鐵　則

　　就我所知，我還只是第六任被指派駐守倫敦塔的渡鴉大師。在增設這個職位以前，照顧渡鴉原本是軍需官（Yeoman Quartermaster）的一部分工作。就如同我們大不列顛許多的優良傳統一樣，渡鴉大師這個角色及職銜，其實都是近期才發明出來的。據說第二次世界大戰剛結束時，亨利・約翰（Henry Johns）被指派為軍需官，但因為他實在太熱衷於照顧這些鳥兒，一些年老的皇家近衛軍儀仗衛士（Yeomen Warders）都開玩笑地說他根本瘋了，從此大家就都改稱他是「瘋鳥大師」。直到約翰・威明頓（John Wilmington）在一九六八年接任亨利・約翰的職位時，聽起來比較理智的「渡鴉・大師」（Raven Master）才成為正式職稱。接著又過了幾年之後，肯定是某個後勤部門筆誤的關係，渡鴉・大師就變成了現在眾所周知的渡鴉大師（Ravenmaster）[2]。

　　我在倫敦塔帶領著一隊皇家近衛軍儀仗衛士，他們會協助我

---

2 歷任渡鴉大師名單請參閱附件。

照顧這些渡鴉，一般稱為渡鴉大師的助手。我則自稱我們是「渡鴉團隊」。我們一起負責照顧渡鴉，一年三百六十五天從不間斷，每一天都有皇家近衛軍儀仗衛士在執行照顧渡鴉的勤務。牠們大概是世界上最受呵護，肯定也是最受寵愛的鳥兒了。

這些年來，我優秀的前輩們傳授了幾條照顧倫敦塔渡鴉的簡易守則給我，而我也將繼續傳承給我的助手。照理說，若你遵循這些守則，你在渡鴉身邊時就會安然無事，而渡鴉在你身邊時也會非常安全。

禁止催促渡鴉。
禁止試圖改變啄食順序。
禁止貪圖省事。
務必無時無刻保持冷靜。
務必每天讓渡鴉重複相同的例行事務。
若違反上述守則，務必準備好面臨混亂。

不用說也知道，我有好幾次都未能遵守這些守則，但渡鴉大師的工作其實比只是遵守幾項基本守則還來得困難且複雜。

身為渡鴉大師，你一定要能夠隨機應變。這麼多年以來，我得處理各種鳥對鳥、鳥對人、甚至是人對鳥的攻擊事件，還有物

品失竊、搶奪食物、生態危害方面的疑慮、安全問題、疾病、死亡以及悲劇事件。我每天上班時都要和一堆人打交道，有兒童、導遊、貴賓、新聞記者、業餘歷史工作者、專業歷史學者、愛鳥人士，還有其他形形色色前來拜訪倫敦塔的遊客。根據我的計算，在暑期旺季、遊客數量達到最高峰的時候，我每天都會被拍照多達三、四百次，而且天天如此；我想在這世界上的每個國家中，有些人的家庭相簿裡頭都會有我和渡鴉吧。我對渡鴉的愛讓我曾經差點溺死，也曾差點從高塔上摔落，還有好幾次，我得冒著名譽受損的風險，冒險試著去做我認為對渡鴉最有益的事。不過牠們可不會感激我，牠們並不是我的寵物。牠們不會玩什麼把戲、不會騎單輪腳踏車、不會說拉丁語，也不一定會乖乖聽我的話照做──這實在令人有點難為情。舉例來說，有一次電視台在進行倫敦塔的訪問時，某隻渡鴉親暱地啄了一下攝影師的腿背，這可造成了一點兒騷動。牠們才不會聽指示動作。倫敦塔的渡鴉體型龐大，行為難以預測，咬勁還十分強大；牠們會自由自在地在倫敦塔附近翱翔，興致一來隨時都會朝天空中飛去。

•

那麼，我警告過你囉。你已經知道規矩了，現在來見見渡鴉們吧。

｜ **渡鴉大師**——我與倫敦塔的渡鴉 ｜ **Chapter 3**

· —— · **Chapter 4** · —— ·

Roll Call
渡 鴉 點 點 名

　　我之前提過，目前倫敦塔中有七隻渡鴉。根據查理二世
（Charles II）當時依據傳說所下的旨意，我們總會將渡鴉的數量
最少維持在六隻。以下就是我們七隻了不起的渡鴉。

霧尼（Munin）

性　　別：母

駐 塔 日 期：一九九五年五月十八日

進駐時年齡：六週大

目 前 年 齡：二十二歲

贈　送　人：喬伊斯‧羅斯夫人

命　名　人：渡鴉大師大衛‧柯普

霧尼是目前倫敦塔中最年長的現役渡鴉[3][4]

---

3 在倫敦塔服務時間最長的渡鴉是詹姆斯‧克羅（James Crow），牠大約在一八八〇年進
　駐倫敦塔，直到一九二四年才以驚人高齡四十二歲過世。野外的渡鴉能活到十幾二十歲
　就算很幸運了。對了，現在我們當然不會以詹姆斯‧克羅為渡鴉命名。感謝老天，時代
　已經改變了。

4 英文名字詹姆斯的暱稱為吉姆（Jim），而吉姆克羅法案為 1876 年至 1965 年間美國南部
　實行的種族隔離法。

霧尼是以北歐神話中，主神奧丁（Odin）的其中一隻渡鴉所命名，牠過著多采多姿的生活。

　　牠非常聰明，可以在破紀錄的時間內解決科學測驗。牠的個性也十分堅強又勇敢：牠最愛在倫敦塔周圍盡可能地往最高的地方飛去，這舉動為我帶來了永無止盡的困擾，我都得跟在牠屁股後頭爬上去。牠的翅膀已經骨折兩次，目前正長期服藥治療牠的關節炎。牠陪著我們的時候就已經換過三位伴侶，其中兩位已經過世，所以我和助手們都暱稱牠為「黑寡婦」。

　　我得老實說，霧尼和我之間的關係並不融洽。基本上，牠不喜歡我。其實有時候我甚至覺得牠是真心討厭我，牠已經迴避我好幾年了。研究顯示，渡鴉可以認得人類的面貌；我只能假設，是我剛開始擔任老渡鴉大師助理的時候做了什麼非常可怕的事，霧尼因此從來沒原諒過我。

　　如果你曾拜訪倫敦塔，你可以非常輕易地認出霧尼，因為牠就是每次見到我都會往反方向跳走的那隻渡鴉！經過多年的小衝突、爭吵和談判後，我會將我們之間的關係形容為「勉強互相尊重」。

梅林 / 梅林娜（Merlin/Merlina）

性　　　別：母（但牠在「鳥生」前五年都被當成公鳥）

駐 塔 日 期：二〇〇七年五月

進 駐 時 年 齡：一歲

目 前 年 齡：十一歲

原 居 地：威爾斯某處

贈 送 人：巴里天鵝救援中心經理安妮‧博德

命 名 人：由前任主人命名，目前在倫敦塔的官方紀錄中
名字依然為梅林

（由渡鴉大師克里斯多福‧斯卡夫更名為梅林娜）

　　有人在威爾斯的路邊發現了梅林娜，牠後來被一家愛鳥人士領養，他們還為牠建了一座巨型鳥舍，並持續照顧牠，直到他們無法勝任為止。牠不是一隻適合靜謐郊區生活的鳥。照顧人把牠交給了威爾斯巴里鎮的天鵝救援中心後，牠很快就以愛發脾氣、喜歡模仿其他鳥類，還有會隨機對路人嘎嘎叫出近似「你好」或「謝謝」的聲音而聲名大噪。就在牠拒絕戴上腳環，甚至完全抗拒與牠的照顧人合作之後，救援中心絕望地與我們倫敦塔聯絡；自從來到這裡後，牠就過著極為快意的生活。

　　有別於我和霧尼的緊張關係，梅林娜與我非常親近。經過多年之後，牠確實與我和兩位助手培養了深厚感情，而且對我們總是非常友善；不過，除了我們三人之外，牠對別人一點都不親

切，就連對其他近衛軍儀仗衛士同袍也是。

過去幾年以來，梅林娜已經成為十足的大明星。牠在推特、Instagram 還有臉書上都有自己忠誠的追蹤者；牠還會收到來自粉絲們的禮物、卡片和信函，而且已經在電視及報章雜誌中出現過無數次。牠喜歡一邊躺在地上打滾一邊玩棍子、呼喚烏鴉來和牠一起玩、玩前滾翻、偷不知情民眾的東西、在雪裡玩、裝死、喝噴泉水、捉老鼠、跟蹤鴿子、持續尋找食物的同時清空垃圾箱；如果遇到不喜歡的洋芋片口味，牠還會拿去洗一洗。

其實如果梅林娜想要的話，牠大可以飛向別處展開新生活，但基於我們之間的感情，加上我們稍微修剪了牠的飛羽（flight-feather），我們得以讓牠留在倫敦塔。牠是我們這裡最自由奔放的渡鴉，也是所有渡鴉當中，和我最親近的朋友。

在許多方面來說，梅林娜有點像獨行俠：牠拒絕與其他渡鴉社交。我都把牠看作是倫敦塔的公主。如果有其他渡鴉靠近牠，牠就會一路跳過來找我尋求保護。牠還常常帶些零食來與我分享，通常是腐爛的肉或是老鼠的尾巴。牠最喜歡的活動就是和我一起坐在血腥塔（Bloody Tower）的哨亭裡，一邊讓我輕撫牠的羽毛一邊打瞌睡。不過，如果你還珍惜你的手指，當你來拜訪牠時，可千萬不要嘗試這麼做。

艾琳（Erin）

性　　別： 母

駐塔日期： 二〇〇六年

進駐時年齡： 六週大

目前年齡： 十一歲

原　居　地： 薩默賽特郡亞頓鎮

贈　送　人： 馬丁‧哈利斯先生

命　名　人： 渡鴉大師德瑞克‧柯爾

　　據說渡鴉終其一生只會有一個伴侶，但依我的經驗來看，艾琳和洛基的伴侶關係比我們人類所設想地更加複雜。我只能說艾琳和洛基喜歡一起歇息、飛翔、彼此跟前跟後，還有幫對方整理羽毛。從許多方面來看，牠們都是一對典型的愛侶，而在這一段伴侶關係中，艾琳絕對是掌握主導權的那一方。

　　艾琳或許是我們這裡體型最小的渡鴉，但牠可是到目前為止最聒噪的。牠最喜歡在一大清早時，一邊蠕動著身軀一邊扯開嗓門大叫，把倫敦塔中的居民統統吵醒。牠完全不是一隻羞於表達自己意見的鳥兒。牠可以無止盡地大聊特聊，永遠活力十足，還很愛騷擾其他渡鴉。牠最喜歡的一個遊戲，就是入侵其他渡鴉的地盤找架打，造成各種騷動然後再突然開溜。艾琳讓我發現自己

常常得扮演起警察的角色；舉例來說，如果牠在綠地上對著梅林娜嘎嘎叫，我就會搖搖手指叫牠走開，而牠也會乖乖閃一邊去。

艾琳和我不算非常親近，但我們處得還不錯。倫敦塔有幾位志工喜歡協助我們照顧鳥兒，這麼多年以來，艾琳也和其中一兩位成為了朋友，牠還特別准許這幾位志工偶爾餵牠吃點堅果或餅乾。

許多美國籍的遊客常說，「艾琳」這個名字起源於愛爾蘭，但我都會解釋，它其實是從愛爾蘭語的「Éirinn」所衍生出的愛爾蘭式英語名字，意思就是「愛爾蘭」，不過艾琳並不是從愛爾蘭來的，牠來自薩默賽特郡。渡鴉的命名有時候非常荒謬，而且既矛盾又諷刺；就像艾琳的伴侶被命名為洛基，絕妙卻又不太恰當。

洛基（Rocky）

性　　　別：公

駐 塔 日 期：二〇一一年七月

進駐時年齡：三歲

目 前 年 齡：九歲

原 居 　 地：薩默賽特郡亞頓鎮

贈 送 　 人：馬丁・哈利斯先生

命　名　人：渡鴉大師克里斯多福・斯卡夫

　　依據傳統，我們的渡鴉會以贈送者來命名。因此，大約在一八九○年被送來倫敦塔的渡鴉艾德華，就是以榮譽砲兵連（Honourable Artillery Company, HAC）的上校艾德華・崔佛利所命名；另一隻我最愛的渡鴉——傳奇的渡鴉埃德加・索珀（Edgar Sopper）也是如此，牠在一九二三年被送來，以索珀上校命名。現在我們所有的渡鴉，都是在倫敦塔外由少數受到認可的繁殖員飼養，當我們需要渡鴉時再送來倫敦塔，因此我們的命名機制必須改變。例如，我們曾經有隻叫做勞諾・雷文的渡鴉，牠是由BBC兒童節目《藍彼得》（*Blue Peter*）的觀眾所命名。我們也養過分別叫作賽卓克、珊迪、梅珀爾、寶琳的渡鴉，還有為了向由東尼・羅賓森在電視喜劇《黑爵士》（*Blackadder*）中所飾演的角色致敬，有隻渡鴉被命名為鮑德里克（Baldrick）。

　　洛基其實是以卸任渡鴉大師洛基・史東所命名的，才不是根據席維斯・史特龍所飾演的拳擊手，不過其實這樣也好，因為雖然你可以明顯看出牠的喙特別肥短，彷彿有副歪鼻子，一臉準備狠狠揍你一拳的樣子，但洛基完全稱不上是個鬥士。雖然牠的體型龐大又愛招搖過街，在艾琳有難時還會英雄救美，但牠其實是隻害羞又溫馴的鳥兒。坦白說，牠甚至有點軟弱。牠總是像隻小

狗狗一樣跟在艾琳的屁股後頭，對我或民眾完全不感興趣，而且
最喜歡花時間和艾琳相互依偎，但牠到底為什麼可以忍受艾琳不
斷地嘎嘎叫，我還真是完全無法理解。

朱比利二世（Jubilee II）

性　　　別：公

駐 塔 日 期：二〇一三年五月

進駐時年齡：六週大

目 前 年 齡：四歲

原 居 地：薩默賽特郡亞頓鎮

原 居 地：馬丁・哈利斯先生

命 名 人：由民眾票選命名

　　朱比利二世是來代班的。二〇一二年時，為了紀念伊莉莎白
女王二世登基六十週年，倫敦塔管理當局認為將渡鴉當作禮物獻
給女王是個不錯的點子。我們會代表女王將渡鴉養在倫敦塔，並
替女王照顧牠。就在獻上渡鴉不久之後，我就去美國度假了。我
才剛抵達美國幾個小時，一位同事就慌忙地打了一通電話給我。

　　「克里斯，出了一點小問題。」

　　「怎麼啦？」

「有兩隻渡鴉死掉了。」

「哪兩隻？」

「朱比利和葛利普。」

「死掉了？」

「被殺死了。」

「是狐狸幹的嗎？」

「就是狐狸。」

「所以，你是要跟我說，我才剛大老遠跑來美國度假，結果女王的新渡鴉就被狐狸殺死了？」

「對，抱歉了，夥伴。」

我期待已久的假期在一開始就出師不利，但幸好我們很快就找到了替代的渡鴉，牠們被命名為朱比利二世及葛利普二世。

朱比利二世目前是霧尼的伴侶。我說「目前」是因為等霧尼過世之後，我可能會試著幫朱比利二世和梅林娜牽紅線。梅林娜最近開始允許朱比利二世陪牠在綠地待上一會兒，真是天要下紅雨了。就像我說過的，梅林娜並不是一隻可以忍受其他渡鴉陪伴的鳥兒。梅林娜和朱比利二世的年齡有一小段差距，但牠們似乎能相處融洽，而我完全可以理解其中原因：朱比利二世既強壯又不多話，舉止得體，羽毛也打理得漂漂亮亮，完全是個當男朋友的料。我都把朱比利二世看作是倫敦塔的騎士。

葛利普二世（Gripp II）

性　　別：公

駐塔日期：二〇一三年五月

進駐時年齡：六週大

目前年齡：四歲

原　居　地：薩默賽特郡亞頓鎮

贈　送　人：馬丁・哈利斯先生

命　名　人：渡鴉大師克里斯多福・斯卡夫

　　葛利普二世恰好與朱比利相反，牠的體型嬌小且十分瘦弱。我們都設想牠是隻公鳥，但我倒覺得牠應該是隻母鳥。這也不是我們第一次誤認渡鴉的性別了；就像我說的，梅林娜一開始也是被當成公鳥。不用懷疑，歷來的倫敦塔渡鴉肯定還有其他誤認性別的例子。即使勞駕獸醫出馬，辨別鳥類的性別都是出了名地困難，更別提我們英國皇家近衛軍儀仗衛士了。就像多數的鳥類一樣，渡鴉不僅沒有外生殖器官，公鳥和母鳥的外觀還幾乎一模一樣，在行為上也沒有顯著的差異。除此之外，公鳥既沒有較亮色的羽毛，或是不同的羽毛花紋，也沒有肉垂、冠或冠毛甚至是腳距來幫你和母鳥做出區分。對於未受過訓練的人來說，唯一比較

明顯的差異，就是公鳥的中間腳趾稍微長一點、鳥喙稍微厚一點；但話又說回來，我們以前也有母鳥的喙非常厚，而且測量渡鴉腳趾長度的差異可不是膽小人士的嗜好。即使是在最佳的情況下，操控這些渡鴉都會讓牠們壓力超大了，因此判定葛利普性別的最佳方式便是取下一根羽毛拿去做基因檢測。不過由於葛利普看起來過得也挺愉快的，加上我們對倫敦塔的渡鴉一視同仁，因此不論牠的性別為何，好像也沒必要讓牠承受這種壓力。所以呢，目前葛利普依然被視為公鳥，只是個性比較膽怯、害羞，和其他渡鴉相比需要多一點照顧。我特別喜歡牠這隻渡鴉，不忍看見牠被其他渡鴉霸凌或找碴。

哈利斯（Harris）

性　　　別：公

駐 塔 日 期：二〇一六年五月

進駐時年齡：六週大

目 前 年 齡：一歲

原 居 地：薩默賽特郡亞頓鎮

贈 送 人：洛莉・博琪爾小姐

命 名 人：渡鴉大師助手薛迪・蘭恩

哈利斯是目前我們這裡最年輕，而且體型最大的渡鴉。如果

靠得夠近，你可以看得出來牠十分年輕，因為牠的口腔是粉紅色的。隨著年齡增加，渡鴉的口腔會轉變為黑色，就像人類的頭髮會變灰白一樣。哈利斯還要再過三年才會進入壯年期，不過牠已經開始展露出成鳥行為的徵兆了。就在幾個禮拜以前，牠在倫敦塔的屋頂上待了三天巡視四周，但又因為肚子餓了於是下來和其他渡鴉團聚。我想牠在接下來的幾年，應該會讓我有得忙了。

哈利斯是以馬丁・哈利斯先生所命名的；他是一位繁殖員，他這輩子送了超過十二隻渡鴉給我們，包括目前服役的多數渡鴉也是。他是個非常特別的人，深受我們渡鴉團隊所有人的愛戴。

哈利斯孵化那一天，正好是我們的老友馬丁的葬禮。我和助手薛迪・蘭恩都穿上了全副軍裝，前往薩默賽特郡致意。我還清楚記得，就在葬禮過了幾個禮拜之後，我驅車前往當地將還是幼鳥的哈利斯帶回。這對我們大家來說是苦樂參半的一刻，因此我們在當下就決定將這隻新生鳥兒取名為哈利斯，以紀念許多深愛渡鴉並照護牠們的人。

我希望也相信，哈利斯未來的生活將過得愉快又長壽。

Chapter 5

Bird Life
渡 鴉 的 日 常

　　認識這些渡鴉之後，你大概會想了解牠們的生活起居。

　　要了解我們都住在倫敦塔的哪些位置，最簡單的方法就是想像一個同心圓：正中間是古老的白塔（White Tower），接著是被一道連接著十三座塔的巨大圍牆包圍著的內城牆區（Inner Ward），再來是狹窄的外城牆區（Outer Ward），受到連接著六座塔還有兩座稜堡的第二道巨牆所保護，這六座塔都面向泰晤士河，兩座稜堡則位在正北方。再來是如今已經乾涸的護城河，裡面已經沒有水了。大部分的皇家近衛軍儀仗衛士都住在周圍，面向護城河，而渡鴉則是住在倫敦塔的正中央。牠們住在內城牆區裡，綠地南端一處專為渡鴉打造的新型圈地中。這兒可是最完美的地點，有遮蔭處但是溫暖又照得到太陽；雖然位在倫敦塔的正中心，但又能保有足夠的隱私。這個地點也曾經是大廳堂（Grand Hall）的所在地；我們認為安妮・博林（Anne Boleyn）

在一五三六年遭斬首前，應該就是被囚禁在這裡。

對渡鴉以及皇家近衛軍儀仗衛士來說，住在倫敦塔中就跟住在其他地方沒什麼兩樣；只是我們的窗戶上有射箭孔，牆壁有四十呎高，晚上還會被鎖在裡面！

我想我已經習慣這種事了，我當兵的時候也住過很多不尋常的地方。我曾在北愛爾蘭南阿瑪郡（South Armagh）的叢林，還有星空下的田野中紮營過好幾個夜晚。我還曾露宿賽普勒斯的橘子樹與橄欖欉中，也住過巴爾幹半島的高山上。當你是一名軍人的時候，就會習慣過這種苦日子，既得四海為家卻又無處為家；而住在倫敦塔就和住在其他地方一樣，奇特又令人出乎意料。

倫敦塔中大約有一百四十位居民，有皇家近衛軍儀仗衛士和他們的家人、倫敦塔總管、常駐總督及副總督、特遣神職人員、醫生、營運經理、看守長、遊客服務處主管，還有步槍團博物館（Fusilier Museum）的經理。我們每年都和上百萬名的遊客共享家園，但這兒就跟其他地方一樣是個小社區。我們有自己的醫生，甚至還有自己的俱樂部，一間專屬皇家近衛軍儀仗衛士的「鑰匙俱樂部」（the Keys）。這兒可說是全球最私密的俱樂部了，因為僅限倫敦塔的居民、工作人員還有受邀的賓客進入。

有些人會覺得住在倫敦塔裡的生活難以忍受，因為這裡是倫敦的正中心，是觀光客最愛拜訪的景點，民眾會持續在這裡來來

去去。但對我來說，打從我抵達這裡的那一刻起，我就覺得像回到家一樣自在。

　　我小時候住在多佛城堡的陰影處。多佛港面臨英吉利海峽，遠眺著對面的法國，傳統上更是海外遊客的出入港口。這裡有著名的白崖（White Cliffs），有些人會把多佛視為英格蘭的後門，但我比較喜歡把這裡看作是雄偉的入口。誰曉得當時還是個孩子的我，仰望著在夜晚打上泛光照明的老諾曼式城堡、聽著列車嗚嗚入站，並看著無盡的渡輪進進出出後，可能受到了多少影響呢？在多佛成長的時光，讓我習慣住在一個不斷有人群穿梭的地方；觀光客和旅行者總是持續進出英格蘭，這或許也讓我對於住在一個具有重要歷史意義的地方，有了一點薄弱的概念。也許我已經距離多佛很遠了，但在某方面來說，似乎並沒那麼遙遠。

　　誠如我之前所說，多數近衛軍儀仗衛士都住在倫敦塔的外圍，就在被稱作砲台的外牆城垛中。渡鴉則是住在白塔的陰影處，直到今日，白塔依然支配著整體倫敦塔的運作，它早就已經是建築物的象徵，超前「明星建築師」（Starchitects）打造出圍繞在我們周圍的摩天大樓好幾世紀。征服者威廉（William the Conqueror）在一〇七〇年代晚期，啟動了費時數十年的白塔建築工程，目的是為了保護城市以及向平民大眾展示權力，還有控制由泰晤士河進出倫敦的水路。之後，他的兒子威廉二

世（William Rufus）接手這項建築工程，最後終於由亨利一世（Henry I）在大約一一〇〇年完成建造。此時，亨利一世隨即將他的首席部長兼杜倫大主教福蘭‧巴德（Ranulf Flambard）囚禁於這棟甫完工的建築裡，但才過沒多久，他就用葡萄酒將守衛灌醉，攀下繩索逃獄了。現在你當然還是能用這一招挑戰看看咱們近衛軍儀仗衛士，雖然沒用，但確實值得一試。

我剛開始擔任渡鴉大師時，渡鴉被關在一些相當擁擠的暗箱內，這些暗箱建造於一九八〇年代，直接鑲在倫敦塔的舊內牆上。其實暗箱也沒有什麼大問題，這種飼養方式和之前相比已經算是有所改善。根據一九五五年《鄉村生活》雜誌中的一篇文章指出，部分倫敦塔渡鴉以前是被關在一間可俯視綠地的屋子的地下室裡，其他渡鴉則是被關在一個掛在鎖鏈聖彼得皇家禮拜堂側邊的籠子裡。這些用來睡覺的簡陋籠子的遺跡一直保存到現在，而且梅林娜依然會使用，因為牠拒絕和其他渡鴉睡在一起。牠比較喜歡單獨睡在綠地上的女王之家（Queen's House）一樓中，某一扇老舊鉛窗後方的隱密暗箱內，但牠慷慨地允許倫敦塔總管一家人住在同一層樓。

●

梅林娜專用暗箱的窗戶原本是朝著女王之家的大地下室開啟，這裡曾經是存放煤炭的地方，在一九四六年首度開放給渡鴉

使用，當時兩隻分別名為柯拉（Cora）及柯瑞絲（Corax）的渡鴉就在這裡歇腳，棲息在一堆煤炭之上。現在當然不會把我們的渡鴉關在煤倉裡了〔在近期歷史中，渡鴉們只有一次被關在倫敦塔內；二○○六年時爆發禽流感疫情，全球有高達幾千萬隻鳥兒死亡，還有好幾百萬隻鳥兒遭到預防性撲殺。為了安全起見，我們聽取了倫敦動物園獸醫的建議，將渡鴉們移到磚塔（Brick Tower）的上層。〕

　　老舊的暗箱實在讓我看不順眼。渡鴉是一種野鳥，應該要能棲息在外頭才對，牠們必須要能夠來回飛翔。就像人類一樣，牠們需要自由，但牠們也需要保護。我堅信如果我們要持續讓渡鴉駐守倫敦塔，就得盡可能地讓這個地方受到渡鴉歡迎，要讓這裡成為一個即使不完全符合大自然，至少也要是個有空間讓牠們能安全翱翔的地方。因此，在我接下渡鴉大師這個職位不久之後，我就和負責管理倫敦塔、漢普頓宮、國宴廳、肯辛頓宮、裘園以及希爾斯伯勒堡的獨立慈善機構——歷史皇家宮殿（Historic Royal Palaces）的工作人員，商談建造某種大型圈地的可能，不僅能讓鳥兒在夜間受到保護，白天時我們會讓圈地保持開放，讓渡鴉可以繼續在外面自由翱翔，在和彼此互動之餘又能保有一些隱私。（對了，我不喜歡「籠子」這個詞，就連「大鳥舍」都不能接受，這種詞語暗示著圍捕和限制行動。我總是將渡鴉夜間的

歇腳處稱為「圈地」。）歷史皇家宮殿就和我一樣，非常積極地想改善渡鴉的生活起居。

我們花了大約兩年的時間進行研究，並向倫敦動物園、遺產保護機構「歷史英格蘭」（Historic England）以及許多專家諮詢，希望讓圈地的設計和開發盡善盡美。光是取得計畫許可就算是一項壯舉了；雖然我們是倫敦塔，但也不能擅自訂下規矩，我們得和其他單位一樣取得計畫許可。當我們的計畫申請書──《女王陛下的宮殿與城堡──倫敦塔，擬為渡鴉建造新鳥籠及暗箱》──出現在可憐的策畫官的辦公桌上時，也許你能想像一下他的表情。這項計畫的重點在於為渡鴉打造出適合的棲地，不只是為了倫敦塔，也不是為了我或遊客的利益，這個圈地必須得讓渡鴉願意把它當成棲身之地。

圈地是由橡木和具有彈性的特殊細鐵絲圍起來的，若渡鴉突然飛進去裡頭也不會受傷。記錄倫敦塔每日活動的《塔內秩序》（Tower Orders）中，就曾記載了一起渡鴉飛入籠子的悲劇事件：一九七五年四月十八日，有人發現渡鴉布羅拉（Brora）被鳥籠的鐵絲纏住了，而且由於傷勢嚴重只好人道毀滅。對我來說，在設計這個圈地時最重要的，就是這種可怕的意外絕對不能再次發生。

當我們在設計圈地時，還有一個要點就是一定要可以阻絕狐

狸靠近。即使是到現在，我時常在早上，發現狐狸曾企圖挖洞鑽進圈地裡來獵捕渡鴉的蹤跡。牠們不可能成功的，因為我特別確保鐵絲是直接鑽入地底下堅硬的水泥地基。但你肯定會對狐狸能鑽進去的地方感到驚訝，牠們居然可以擠進最小的縫隙之中；我就見過牠們從只有幾吋寬的縫隙中溜進去，一旦牠們進去後你也無能為力了。這些年下來，我們已經因為狐狸的關係失去了相當多隻渡鴉。牠們會從吊橋底下潛入，爬過水溝再溜進祕密通道。有時候我都覺得我的職稱應該改成「狐狸與渡鴉大師」，我涉入了一場必須不斷將雙方分開的戰爭。

●

圈地中有替每隻或每對渡鴉劃分出不同的區域好讓牠們睡覺，我還會將大滑門打開，讓牠們自由進出整個空間。每隻渡鴉在圈地中都有自己的棲木和一個大暗箱；這些東西也許聽起來很簡單，但當初我們可是仔細觀察渡鴉的行為後，花了很長時間才發想出這些設計。

就像我提過的，圈地只是為了夜晚設計的，渡鴉白天時都會在外頭飛翔或行走，日復一日天天如此。若牠們需要照護時，不論是因為生病了或需要休息，我很偶爾才會把牠們關在圈地裡頭。每天都要向大眾露臉也是很累人的，我們近衛軍儀仗衛士再清楚不過了。有時就是必須留點時間給自己放鬆，重新充電後再

出發。我總會留意鳥兒們正在承受壓力的徵兆，如果我察覺牠們因為各種原因，而需要休息時，我就會讓牠們待在圈地裡。我已經和渡鴉們一同工作和生活好長一段時間了，情況一不對勁我就會知道，就像你也會發現親友們需要特別關懷一樣。你就是會知道。倫敦塔是一個群體，渡鴉就是這個群體中的主角。

· —— · **Chapter 6** · —— ·

Tower Green
綠 地

現在你已經十分清楚我們大家都住在哪兒了，你大概會想了解我們的日常生活。

渡鴉大師的基本勤務和責任摘要如下：

1. 清潔及準備渡鴉當日的水碗。

2. 打掃圈地，並清除所有渡鴉前一晚丟棄的食物。

3. 仔細檢查每隻渡鴉是否有健康問題。

4. 餵食渡鴉、投予如除蟲藥等任何藥物、監控牠們的進食量。

5. 將渡鴉放出圈地。

6. 觀察渡鴉前往地盤時的動作，並檢查和記錄下所有翅膀和腿部的損傷。

7. 全日監視渡鴉，確保渡鴉及民眾雙方的安全，還有處理所有突發狀況。

8. 入夜時，讓渡鴉安全地回到圈地中。

9. 準備隔日的早餐。

10. 熄燈前須進行最後檢查。

　　理論上來說就是這些了，看起來很簡單吧？但在實務上，執行起來就有點複雜了。

　　先別搞得太困難，讓我們從頭講起。我在黎明破曉之際就會起身前往綠地，每天的第一項任務就是看看梅林娜，因為牠最愛整晚都待在外頭的屋頂上。梅林娜是唯一一隻會在外頭過夜的渡鴉，其他渡鴉都會回到綠地南端的圈地之中，但梅林娜拒絕照做。牠把綠地附近的屋頂當作是閣樓套房，一個能讓牠休憩以及凝視世界的地方。當我一看見牠的剪影和聽到牠的呼喚後，我就會確保綠地周圍安全無虞，沒有任何可能會傷害鳥兒的殘渣或其他物質，接著我就會去盛裝水碗。

　　這可能聽起來很蠢，但我愛死裝水了，這可是我每日勤務的重點工作。我每天都會刷洗水碗，再將水裝滿。這些水碗包括圈地中的塑膠碗，還有散落在內城牆區裡的六個石碗，渡鴉們白天都在內城牆區中活動。我喜歡裝水這個簡單的舉動、聲音以及氣味，還有清澈的水。這對我來說就像一種儀式，是我個人的靜思時光，我都會在這時候整理思緒，想想當天的事情。大家都說無

論任何季節，在清晨早起呼吸新鮮空氣有助增進身心健康。我只能說打從開始工作之後，我不分四季都非常早起，而我的生活到目前為止一切都好。

有一個水碗就放在綠地的北端，鎖鏈聖彼得皇室禮拜堂的旁邊。據傳那裡可能曾經有個超過千年之久的禮拜場所，甚至比白塔的歷史更悠久。有些人甚至宣稱這一區的倫敦是英國國內古老的聖地之一，就好像倫敦中心的格拉斯頓伯里（Glastonbury）或巨石陣（Stonehenge）。而且根據傳說，倫敦塔外神聖的塔丘（Tower Hill）一度曾有清泉湧現，現在還有德魯伊特教的祭司會穿上祭服，在那兒歡慶春分，雖然我自己沒啥興趣就是了。在凱爾特傳說中，這個區域也是威爾斯神話裡的英格蘭王——蒙福的布蘭（Brân the Blessed）之頭顱的埋葬地。在威爾斯語中，布蘭（Brân）這個名字即為渡鴉之意，而且他被埋葬的地方應該也距離渡鴉目前的圈地不遠，因此也挺合情合理的。[「布蘭」也是美國奇幻小說家喬治‧馬汀（George R.R. Martin）的系列巨作——《冰與火之歌》裡頭一位角色的名字，該部作品後來被改編為知名電視影集《權力遊戲》，但我們稍後再來談談馬汀先生和書裡的渡鴉。]

我曾聽說，倫敦的英文「London」這個名字起源於「Lugdunum」一字，而「Lugdunum」又源於凱爾特人的

「Lugdon」，意思是渡鴉之城；提醒你，我也聽過是源自於 Llyn-don、Laindon、 Karelundein、 Caer Ludd、 Lundunes、 Lindonion、Lundene、 Lundone、Ludenberk、Longidinium……天曉得還有多少名字。所謂的歷史、史前歷史、傳說、寓言、還有故事比比皆是。我有時候都會覺得，倫敦塔彷彿是一座巨大的寶庫，裡頭存放著人類的想像，渡鴉就是守護者。

　　總之呢，我都會將鎖鏈聖彼得皇室禮拜堂旁邊的水碗裝滿；好幾個世代以來的倫敦塔居民，都是在這個禮拜堂受洗、結婚……（我要強調，當然不是在渡鴉的水碗裡受洗！）而埋葬在這裡最知名的人包括湯瑪斯・摩爾爵士（Sir Thomas More）、費舍爾主教（Bishop Fisher）、 安妮・博林王后（Queen Anne Boleyn）、 凱薩琳・霍華德王后（Queen Catherine Howard），以及未加冕的「九日女王」珍・葛雷（Lady Jane Grey）。這些人當中，有好幾人也是在禮拜堂附近，或倫敦塔的城牆內遭到斬首，有安妮・博林王后、凱薩琳・霍華德王后、珍・葛雷、薩利斯伯里女伯爵瑪格莉特・波爾（Margaret Pole）、德佛羅伯爵（Robert Devereux）等等。因此，這座禮拜堂當然是充滿精彩的歷史，但我總覺得歷史學家麥考萊（Thomas Macaulay）在其著作《英國史》（*History of England*）中對這裡的形容略帶貶意：

說實在的，這世上沒有比這裡更悲傷的地方了。這兒與死亡息息相關，但可不像西敏寺或聖保羅大教堂那般，埋葬的都是天才與有德之士，可供大眾景仰其不朽的美德，亦不像我們身邊簡樸的教堂墓地，國家社會中最令人喜愛的慈善之心都長眠於斯；這裡反而埋葬著人性及人類命運中最黑暗的一切：戰勝宿敵的野蠻勝利、無常世事、忘恩負義、摯友的膽怯、以及所有墮落和名譽掃地帶來的不幸。

哪有那麼糟啊！我還挺喜歡這個禮拜堂的。畢竟它是我們這裡的教區教堂，有特遣牧師為我們的精神生活提供指引，還有美妙的唱詩班與風琴手領唱，提升我們的性靈。不過老實說，我比較喜歡趁手裡拿著刷子和桶子在外頭刷洗時，訴說我的禱告。

每天早上換完乾淨的水，刷子和桶子也放置妥當之後，接著我會去打開儲藏室，所有食物及協助我照顧渡鴉的配備都放在那兒。我穿越血腥塔（Bloody Tower）的拱廊後，再爬上水巷（Water Lane）的舊石子路。（之所以稱為水巷，是因為泰晤士河的河水有段時間曾湧上此處，拍打著倫敦塔的城牆。）愛德華一世（Edward I）在十三世紀施行擴建計畫時，將上千堆山毛櫸木材沉入泰晤士河底的淤泥中，與河爭道擴建出了外牆區，水巷就是其中一部分。我覺得儲藏室建在這裡很不錯。我總會想，早

期水巷中肯定擠滿了精明的商人、獵鴨人及潛水伕進出往來倫敦塔，一些老俱樂部以前也建在這裡——「石廚小酒館」就是其中一間，不過威靈頓公爵（Duke of Wellington）在很久之前就把它關閉了。倫敦塔的裡裡外外總是有一大堆人，而渡鴉大師的儲藏室建在這個人潮最密集的地方正好，推開它古老的黑色大門，彷彿踏進了一間老字號藥行。

我和其他近衛軍儀仗衛士一樣，在鑰匙圈上掛了一個哨子，發現問題時可以用來提醒其他人；我還掛上了一個骷髏和交叉骨的圖樣，和渡鴉一起生活肯定會培養出一點暗黑的品味的，還有一個小小的木製渡鴉圖騰柱，我把它當作護身符。

現在就讓我打開儲藏室，帶你看看渡鴉大師的私密聖殿吧。

Chapter 7

Biscuits and Blood

餅 乾 和 血

　　我喜歡隨時將儲藏室打理得乾淨整潔，無庸置疑，這當然是畢生投身軍旅的結果。當你成為青年軍之後，軍中會教導你所有事情，真的是大小事情都教。你會學到如何刷牙、鋪床、綁軍靴鞋帶還有燙衣摺衣；最重要的是，你會學到絕對不能把東西放著不管。這個鐵則會烙印在你的腦海中，想生存就得遵循常規和程序。所有東西物歸其所，就能維持乾淨整潔，不准有藉口。

　　儲藏室裡有冰箱、冷凍庫、水槽還有工作檯，統統一塵不染。牆上掛著渡鴉日曆，下方則是我們的照護日記，這樣團隊所有成員就可以記錄下渡鴉的最新狀況。架子上還有用來捕捉渡鴉的漁網，若渡鴉受傷了，必須立刻交由獸醫治療，漁網就會派上用場。相信我，眾目睽睽之下，手裡拿著漁網追著渡鴉在倫敦塔內四處跑，實在是種不得了的經驗，就像電影《飛天萬能車》（*Chitty Chitty Bang Bang*）裡抓小孩的劇情。其他東西還包括急

救箱：要是渡鴉啃你一口，你肯定會有感覺的。幫渡鴉量體重的磅秤：我們固定每個月量一次。砧板以及準備餐點的設備、橡膠手套、皮製猛禽手套。金屬手套──我不建議用這種手套對付渡鴉，因為牠們有時候確實想弄碎你的手指，而把金屬片從肉裡挑出來的感覺肯定不好受，我可以保證。另外還有兩三個木箱，我們會把生病的渡鴉裝在裡頭，交給倫敦動物園的合作獸醫。還有一個塑膠製的舊零食抽籤筒，我們都會拿來娛樂渡鴉。（關於渡鴉版本的零食抽抽樂：渡鴉的挑戰，就是移除一支竹籤便可獲得一隻死掉的小鼠。我們會在竹籤上方放小鼠，掉下來後渡鴉都會吃得乾乾淨淨，霧尼是新科冠軍。）我還在儲藏室裡放了一個玻璃罐，裡面塞滿了渡鴉的羽毛，感謝渡鴉每年在換毛期時的貢獻，我偶爾會把羽毛送給值得嘉獎／舉止得體／幸運的遊客。舉例來說，若我帶領遊客參觀倫敦塔時，發現有對愛侶剛結婚或訂婚，我就會送他們一對羽毛──初級飛羽和次級飛羽；這兩者缺一不可，我的內心是個喜愛老派浪漫的人。偶爾也會遇到有人想討幾根羽毛拿去做羽毛筆，或是想入藥還有製造樂器，但是我倒是不知道渡鴉的羽毛是能拿來做什麼藥或樂器，也不知道到底適不適合拿來當羽毛筆。

●

　　身為渡鴉大師，你會習慣應付民眾各式各樣奇怪的要求和問

題。不行，不可以買渡鴉。不行，不能助養渡鴉。不行，也不能出借渡鴉。渡鴉是屬於倫敦塔的，或者又該說倫敦塔屬於牠們。如果你有興趣的話，以下是大家最愛問近衛軍儀仗衛士的五個問題，還有我們愛給的答案類型。

1.「浴室在哪裡？」

"Where's the bathroom?"

這個問題通常是美國籍遊客問的，他們總是可愛又有禮貌。哎呀，在英式英語中，我們都比較直白地把美國人口中的浴室稱為「廁所」（toilet）；對我們來說，「浴室」（bathroom）是洗澡的地方，所以我們都會回答：「怎麼啦，先生，你想洗澡嗎？」

2.「刑具放在哪裡？」

"Where are the instruments of torture?"

這題每個近衛軍儀仗衛士會給的答案都不一樣，但通常會回：「天天來這裡上班，你馬上就會找到了。」

3.「安妮‧博林的斬首處在哪裡？」

"Where was Anne Boleyn executed?"

這題的答案顯而易見，「脖子附近的某個地方呀，先生。」

4.「你見過鬼嗎？」

"Have you ever seen a ghost?"

有些近衛軍儀仗衛士喜歡把這題當作引子，帶出城垛上的小王子、無頭幽靈和華特‧萊利爵士（Sir Walter Raleigh）的經典故事，以及其他所有自帶鍊條音效的維多利亞時期「鬼話」。我則比較喜歡回答「沒見過，先生，但我們的俱樂部裡肯定有很多『酒鬼[5]』（spirit）。」

5.「是誰建造了倫敦塔？」

"Who built the Tower?"

倫敦塔的建築工程橫跨好幾世紀（雖然中世紀時的防護牆幾乎沒變過），所以這題可以引出各式各樣的回答：像是展示愛國精神的「也該問問是誰鍛鍊了大英帝國子民的精神！」，或是「我們還沒蓋完，但快好了。」還有綜合性回答，「十四世紀時，愛德華三世和理查二世著手進行了倫敦塔的重大擴建計畫。」或是令人困惑卻又精確的回答，「一〇七五年或一〇七八年或一〇八〇

---

5 英文的 spirit 除了是靈魂、鬼魂，又有烈酒之意。

年，端看你參考哪份史料。」我自己都會解釋，「倫敦塔是由征服者威廉所建，而石造的白塔應該是由羅徹斯特主教康道夫監工的，別和灰袍甘道夫搞混囉！」

老實說，這些答案都會依據當天是星期幾而變化，但基本上若你不斷提出問題，我們也能一一擊破。

●

總之回到我剛剛說的，儲藏室裡頭大概就是這樣。對了，還有狗糧，一袋袋的狗糧也全都整齊地層層排列在架上。每當有人問說能不能來看看渡鴉，或是有團體想來找我聊聊渡鴉時，我都會提出一個簡單的要求，那就是請他們帶上一袋狗糧。這件事沒得談條件。我相信我們的渡鴉是世界上吃得最好的鳥兒了，牠們的飲食適當又多元，好讓牠們保持健康強壯；但偶爾也該吃些小點心，而渡鴉最愛的點心就是浸泡在血裡的狗糧。準備浸血的狗糧很簡單，只要把狗糧放進裝滿血的容器裡，然後讓它浸泡至少一小時（泡愈久愈好）就完成了，請盡情享用！

大鼠也是給渡鴉吃的一種點心。我都向專業供應商購買大批大鼠，將牠們冰在冷凍庫中，我會在前一晚拿出所需分量放在冰箱裡解凍，隔天早上再處理。一隻肥嫩的大鼠可以讓渡鴉開心一整天。渡鴉碰到死大鼠或抓到一隻活生生的小鼠時，常用的處理

方法是非常直截了當的：腳先踏上去，伸出利爪刺入體內，鳥嘴接著湊上來，先吃內臟，再扒光剩下的肉，只留下皮。通常剩下來的東西看起來就像一塊迷你鼠皮毯，我會再把它裝袋，留起來給倫敦塔的狐狸吃，這樣就不會浪費。

　　渡鴉一年大約會吃上一噸半的食物；飲食主要包含雞肉、羊肉、豬心、肝、腎、小鼠、大鼠、日齡雞、帶殼花生，偶爾加點水煮蛋，還有一些魚肉、牛肉塊以及帶毛兔肉。還有什麼其他想吃的，牠們就從垃圾桶或民眾身上偷走，不然就是外出打獵。我都是在史密斯菲爾德市場（Smithfield Market）採買大部分肉品。如果你還沒去過史密斯菲爾德市場，你得趕緊去瞧瞧。這個市場是倫敦最古老的機構之一；它是一座完善的批發市場，但也開放給一般民眾採買，不過這裡總是面臨著被改建為時髦辦公室，或高級餐廳的威脅。膽小的人不適合來逛史密斯菲爾德市場。我成為市場常客約一年後，才有肉商願意拉下臉跟我點個頭示意，更別說和我聊天了。你可以在這裡用非常划算的價格採買，但你最慢至少得在清晨五點就來，而且要大量採購才行。不管你要做什麼，可千萬別只買一塊羊排，跟那邊的小伙子說是我派你過去的，他們應該會幫你指路，但儘管如此至少也是個開始。而且一旦去了那裡之後，你乾脆就直奔希望酒吧（The Hope）喝杯啤酒，或衝進叉子餐館（La Forchetta）喝杯茶及吃英式早餐吧。

（我個人喜歡早上餵過渡鴉後再吃早餐，這不是出於禮貌，跟禮儀沒有關係。不知道你是否曾丟一堆大鼠給渡鴉，或是否曾清理過前一晚剩餘的碎肉，但依據我的經驗，你不會想一邊消化早餐吃的培根三明治，一邊做這些事情的。相信我，等例行工作結束之後，最好來上一碗燕麥粥。）

坦白說，我應該會希望鳥兒們都吃素，但渡鴉就跟多數的人類一樣都是肉食動物。我們近衛軍儀仗衛士有著「牛肉食客」（Beefeaters）的暱稱，有一說是因為身為皇室衛隊的成員，我們獲准盡情享用國王桌上的牛肉。這個暱稱的由來還有很多種版本，但我不知道到底有沒有確切證據；反正老實講，我們都比較喜歡被稱為近衛軍儀仗衛士。

我覺得如果可以選擇的話，很多渡鴉應該跟我們許多人一樣，就算吃垃圾食物應該也能活下來。尤其是梅林娜，牠超級愛吃薯片。牠會緊盯著任何一塊從年輕遊客的午餐袋中掉落的小薯片，再把它叼去水碗裡仔細洗一洗，泡軟了再吃。牠的特殊能力，就是可以發現綠地的另一頭有罐品客；牠會跳到無辜的民眾身上，偷走整罐品客後再跳走，然後擠開蓋子，在被發現之前盡可能地迅速把嘴巴塞滿薯片！如果你打算帶著點心來參觀倫敦塔的話，請謹記這一點。務必記得：渡鴉是機會主義者，當有需要時，牠們可是樂於偷走你身上的任何東西。

目前我在綠地看著渡鴉惹上麻煩的時間，已經和我自己在軍中惹麻煩的時間差不多久了；我可以很肯定地說，在工作時看著渡鴉橫掃食物，就像在見證一場軍事行動一樣。身為軍人，你會學到各式操演和標準作業程序，為戰鬥做好準備，並學會如何在執行任務時分析各種可行選項。用軍事術語來說，以下就是我們對梅林娜經典絕招「三明治偷竊行動」的描述：

任務：偷走長凳上遊客的火腿三明治。

作戰計畫：偷偷從後方靠近，躲在長凳下方，直到目標遊客放下手中的三明治，再把獎賞從長凳的縫隙中拉下，直到整份到手，接著跳離現場。

應對行動：若靠近長凳時被發現，假裝沒事，啄啄草地。

應對行動：若民眾遲遲不把三明治放下，跳到長凳上嚇嚇他們，直到他們丟下三明治。

應對行動：若無法把三明治從長凳的縫隙中拉下，那就更賣力地拉，同時盡量將食物塞滿嘴巴。

調整策略：被生氣的遊客追趕時，快跳到渡鴉大師身上尋求保護。

不管每隻渡鴉有哪種吃點心的習慣，我每天固定會在圈地中餵食牠們兩次，早上餵一次，下午再餵一次，在圈地中餵食渡鴉

讓我能監控牠們都吃了哪些東西。以往渡鴉大師喜歡將食物放在倫敦塔四周，但問題是可能會有海鷗來吃掉本來要給渡鴉吃的多汁牛肝，咬了幾口之後，還會從很高的地方隨意丟到遊客頭上。我就看過不只一次，相信我，這種場面絕對不好看。現在渡鴉都知道在圈地內可以找到食物了，而且由於牠們知道在圈地裡吃東西很安全，這讓牠們更樂得整天在附近閒晃。如此一來也能鼓勵牠們在天黑時回到圈地之中，可謂雙贏策略。

準備渡鴉飲食的時候，達到基本的健康及安全要求當然重要。我堅持一定要把手洗得非常乾淨，而且我喜歡這些消毒劑的味道。我還記得剛來倫敦塔工作的時候，老渡鴉大師德瑞克‧柯爾走進我們的衛兵室時，我都能聞到他身上有這種味道。這味道總會讓我回想起我的童年；這是我媽在她上班的美髮沙龍動手刷洗的味道，這味道代表今天已經圓滿結束，或是正要開始。這味道象徵著潔淨、有所準備，還有任務大功告成。

•

在圈地內把食物分配給渡鴉之後，我會讓牠們在裡頭待上約一小時，再放牠們出來。渡鴉有個優點與我們人類不同，牠們會吃到飽了才停，接著就會想出去運動。任何不吃的東西，牠們都會把它藏好。

說到藏匿，我每天餵完渡鴉後，接著要做的事就是照顧狐

狸。

　　在和動物打交道的生活中，若要說我學到什麼鐵則的話，就是永遠有狐狸需要你的照顧。

Chapter 8

The Menagerie
珍 禽 異 獸 園

　　身為渡鴉大師，我自認該為倫敦塔裡的所有野生動物負責——包括狐狸在內。這麼多年下來，我試著讓各方相互排擠的需求達成平衡：渡鴉、狐狸、近衛軍儀仗衛士及倫敦塔的遊客。我們都要共享倫敦塔這個環境，而我的工作其實就是找到讓大家都能和平共存的方法；通常這只需要一點先見之明，還有在飼養規矩上仔細一點就能做到。舉例來說，若你把食物丟在地上，你猜怎麼著？狐狸就會溜進不該去的地方，肯定會造成大災難。以往我們都會誘捕狐狸，然後把牠們帶到別的地方處理掉，但我覺得，狐狸和我們其他人一樣有權在這裡出沒。

　　為了維護我們這裡的小小生態系，每天早上餵完渡鴉之後，我都會把所有食物殘渣拿去狐狸的藏匿處。所謂藏匿處，就是用來埋藏火藥、食物或是各種寶物的地方。服役時，我們學到要在執行迴避與救援行動時設立藏匿處，以儲存糧食及水，或醫療用

品、通訊設備之類的東西。幾年前，就在我體會到管理倫敦塔狐狸的最佳方式就是像狐狸般思考後，我就決定幫狐狸建立藏匿處。這就是軍中的老規矩：知己知彼，百戰百勝。對付狐狸的時候，你得知道，其實牠們不過只是想填飽肚子而已，吃飽後就會滿足地離開了。所以我找了一個特別的地方，讓我每天都能送食物給牠們，如此一來牠們就會心滿意足，並且絕對不會靠近渡鴉的圈地。大功告成。

（你可能會問，我怎麼知道何處是留食物給狐狸的最佳地點？這麼說吧，倫敦塔中所有的隱蔽處和裂縫我大概都知道，所有屋頂、水溝、通道、階梯、小洞等等我也清楚。不論是哪裡，或高或低，就連難以進入的地方我都去過了；我在那些地方見過躲起來的渡鴉，看過牠們藏匿的東西，還發現過狐狸的洞或巢穴之類的。遊客總是喜歡問起倫敦塔裡的密道，我只能說我從來沒見過，我還找了好幾年呢。）

綜觀倫敦塔歷史，這裡一直都是一個充滿各種動物的地方。現在這裡的許多動物都是些貓貓狗狗，還有其他近衛軍儀仗衛士所養的寵物；看到我們有多少人都會早起去護城河遛狗，可能會讓你非常驚訝。除了渡鴉和狐狸之外，這裡還有各種松鼠、海鷗、鴿子、麻雀、椋鳥、紅隼、藍山雀、烏鴉、小鼠、大鼠，甚至還有一對喜歡路過來喝渡鴉水碗的奇怪埃及雁。畢竟倫敦塔

可是位在倫敦市中心一片闊達十八英畝的綠洲。我們在我家對面的某個射箭孔中養了一對紅隼，牠們如今已經在那兒住好幾年了；我們還有四種不同種類的蝙蝠，此外，每年當叛徒之門（Traitors' Gate）達滿水位時，我們通常也會讓鴨子一家帶著鴨寶寶進來安家。對了，這兒還有兩隻喜鵲，我用一九六〇年代在倫敦惡名昭彰的黑幫兄弟檔幫牠們命名——朗尼‧柯雷和瑞吉‧柯雷；牠們倆喜歡拜訪渡鴉圈地尋找剩餘的肉屑，渡鴉似乎也能接納牠們，可能是受到暴力脅迫吧，天曉得。

然而，一直到相對近代時期，倫敦塔內多數的動物，原本都是遙遠國度的統治者向英國國王及女王進貢的珍禽異獸。超過六百年以來，倫敦塔都算是一座動物園，或至少可說是豢養各類珍稀動物的大觀園，讓倫敦塔的遊客大飽眼福。某種意義上來說，渡鴉開啟了皇室珍禽異獸園（menagerie）故事的另一個篇章，渡鴉大師則是世上唯一一座單一物種露天動物園的管理員。

珍禽異獸園（menagerie）一詞源自法語，（我都說我們所有在倫敦塔居住和工作的人都是珍禽異獸），意思是一群由皇室貴族豢養的動物。每個中小學生都知道，當征服者威廉在一〇六六年入侵時，他下令在英格蘭各處建造許多堡壘，以保護他的貴族地位免受入侵的敵軍和內亂威脅；那些堡壘中，倫敦塔正是最出名且歷久不衰的一座。根據《末日審判書》（Domesday

Book）記載，諾曼人在登陸黑斯廷（Hastings）之後的二十年間，建造了將近五十座城堡；這在英國史上是前所未有的建築計畫，就連當今倫敦的地產熱潮也相形失色。但比較不為人知的是，威廉的兒子亨利一世在位於牛津的宅邸中，蓋了英格蘭的第一座珍禽異獸園，他建了一堵巨牆將豢養的獅群、駱駝和豪豬圍起來。這座小型皇室動物園最後在大約一二〇四年時遷至倫敦塔，當時正值約翰一世（King John）在位期間，皇室珍禽異獸園的歷史從此正式展開。

　　長久以來，有很多知名的動物都把倫敦當作家園。在我小的時候，倫敦動物園裡有大貓熊「姬姬」（Chi-Chi）和「晶晶」（Ching-Ching），還有大猩猩「蓋伊」（Guy）。早在二十世紀時，還有來自加拿大的母黑熊「維尼」（Winnie），這當然是依據小熊維尼所取的名字。再回溯至十九世紀，更有自羅馬帝國時代以來，第一隻出現在歐洲的河馬「歐巴希」（Obaysch）；牠當時可是造成了大轟動，維多利亞女王都來看牠在攝政公園裡游泳，還把牠拿來跟鼠海豚相比。不過，在這所有動物到來之前，倫敦塔裡的動物是愈壯碩、愈珍奇愈好。

　　舉例來說，以前曾有一隻可能是北極熊的白熊，牠是挪威國王哈康四世（King Haakon IV）在一二五二年贈送給英王亨利三世（Henry III）的禮物。牠當時被套上了大項圈和長繩栓在河

畔，就在泰晤士河裡抓魚吃。我總愛想像那些恰好航行經過河畔的人，看到有隻大白熊竟然游得這麼快時的表情！除此之外，在一二五五年，法國國王路易九世（King Louis IX）送給亨利三世一隻非洲大象，光是要把牠送進倫敦肯定就是一場運輸噩夢。有一名目擊者形容，「當時大家蜂擁而至想見見這個新奇的景觀……那頭大象大約十歲，身上無毛，皮膚粗糙，頭頂上的眼睛小小的，用象鼻進食及喝水。」又是一個奇觀，想想當時在倫敦塔看見大象會有多驚奇，就好像現在看到暴龍或某種電動中的龐然大物，突然從城垛中探出頭來一樣。

珍禽異獸園的規模就和所有偉大的收藏一樣不斷成長，到了一三○○年代，所有倫敦塔內的動物都得移到外頭的西側正門，這裡後來被命名為「獅塔」（Lion Tower），由來就不用多說了吧。接著到愛德華一世（Edward I）即位時，增設了一個叫做「獅與豹群管理員」的正式職位，後來再更名為「國王的熊與猩猩之管理員」。

［我最愛的珍禽異獸園軼事是這一則：伊莉莎白一世（Elizabeth I）當時依照慣例，在加冕遊行的前一晚來到倫敦塔過夜。相傳就在盛大的遊行隊伍離開倫敦塔，穿越倫敦街頭要前往西敏寺時，她停下腳步向聚集的群眾發表演說，並向上帝祈求保佑她平安。伊莉莎白一世說道：「祢待我如此寬容慈愛，就如

祢待但以理一般，將他從兇殘暴戾的獅群中解救出來。」就在此刻，倫敦塔的獅群發出巨吼，群眾聞之無不又驚又喜。我嚴重懷疑這應該是倫敦塔精心安排的舞台效果；當時可能派出了一名叫勞夫·沃斯利（Ralph Worsley）的獅與豹群管理員，一手拿著伊莉莎白女王的演講稿，另一手拿著燒得發紅滾燙的火棍來控制獅群。畢竟，治國之道也算是表演藝術的一種形式。]

•

直到一八三一年，多數養在倫敦塔的動物，才遷移到在攝政公園中建立不久的倫敦動物園（London Zoo），其餘動物則是賣給了美國知名的馬戲團老闆巴納姆（P. T. Barnum）參與巡迴演出。最後到了一八三五年，皇室珍禽異獸園在倫敦塔總管威靈頓公爵（Duke of Wellington）的命令下關閉。雖然一直要到一九六〇年代晚期，官方才正式指派第一任渡鴉大師，但我總覺得我們多少傳承了古代獅與豹群管理員的傳統。不過根據現代人所預期的標準，他們可能稱不上是在照顧動物就是了。

以前這兒也曾有猴子，牠們被養在裝潢完善的房間裡；還有一隻花豹，大家總愛將陽傘或雨傘伸進籠子裡逗弄牠；聽說還有一隻偶爾能享用啤酒的斑馬，牠總能適時地用舊的士兵水壺喝上一、兩品脫。即使時至今日，我都常常對賓客認為渡鴉可能喜歡吃或喝的東西感到驚訝。請聽好了，渡鴉雖然是雜食性動物，但

絕對不應該、也不會吃下列物品：泡泡口香糖、可樂軟糖、紙張、菸蒂、巧克力、太妃糖或小孩的手指。在我任職於倫敦塔的日子中，幾乎天天都會看到有人要餵上述東西給渡鴉吃！

　　珍禽異獸園所帶來的課題——同時也是我和塔內狐狸交手所學到教訓——看來就是若我們尊重動物，牠們也會對我們報以尊重。

Chapter 9

Black Birds
黑 色 的 鳥

　　為了幫民眾指認鳥兒們，渡鴉的腳上都戴了彩色的腳環，若我不在時，也能協助我的團隊看好牠們。我已經訓練渡鴉每天早上自動將腳環戴上，就像我們穿上鞋襪一樣。開玩笑的，當然沒這回事！但容我說明一下，就在我執筆的當下，霧尼戴著萊姆綠的腳環，朱比利二世戴著金色的腳環，葛利普二世的腳環是淺藍色的，哈利斯的腳環是紫色的，洛基的腳環是棕色的，艾琳的腳環是紅色的，而梅林娜的腳環想也知道是亮粉色的。

　　現今多數都市人都能認得出鴿子——牠們無所不在，還有歐亞東鶇及歐亞鴝。也許還認得出鴨子，只要無須確認是哪種鴨子就可以，但日常生活中會看到的鳥兒大概就這些了。在我成為渡鴉大師之前，我也無法認得太多種鳥類，現在就讓我傳授你辨認渡鴉的基本原則吧——以下就是「渡鴉大師的渡鴉辨認指南」。

　　首先，讓我們先把用字搞清楚。我們英國和愛爾蘭當地會

使用的一些渡鴉名稱包括 corbie、corby、croupy craw、croupie；愛爾蘭語中有 *fiach* 或 *bran*；康沃爾語中有 *marburan*、revein、parson、Ralph；威爾斯語則是 *cigfran*、*cigfrain*、*gigfran*。而世界上常見的渡鴉名稱如下：

丹　麥　語：*ravn*

法　　　語：*corbeau*

德　　　語：*Rabe*

義大利語：*corvo*

日　　　語：*karasu*

波　蘭　語：*kruk*

俄　　　語：*ворон (voron)*

西班牙語：*cuervo*

土耳其語：*kuzgun*

在倫敦塔工作得學會各種行話；我知道所有主要歐洲語系、阿拉伯語、巴西的葡萄牙語中的「出口」（exit）是哪個單字，還知道「洗手間」（lavatory）（也就是美國人口中的「浴室」）的國際手語。不論你怎麼稱呼牠們，倫敦塔渡鴉正確的拉丁文名稱是 *Corvus corax*，這是由發明了生物命名系統的瑞典生物學家

林奈（Carl Linnaeus）訂定的名稱。（如果你在學校有專心上自然課的話，一定會記得這個人是誰，而我當然是沒在聽囉。）

渡鴉是鴉科鳥類家族的其中一員，隸屬此科的鳥類包括烏鴉、喜鵲、松鴉、星鴉，還有小巧可愛的山鴉。在不列顛群島及愛爾蘭中，最常見的鴉科鳥類，包括有著灰臉和圓形尾羽的禿鼻鴉（Rook, *Corvus frugileus*）、鳥喙比禿鼻鴉短的食腐鴉（Carrion Crows, *Corvus corona*）、看起來像穿著灰色連身衣或連帽衣的小嘴烏鴉（Hooded Crows, *Corvus cornix*）、不用多作介紹的歐亞喜鵲（Magpie, *Pica pica*），還有小巧矮胖、舉止怪異又瞪著銀色眼睛的西方寒鴉（Western Jackdaw, *Corvus mondeula*）。請注意，歐亞東鶇（Eurasian Blackbird）並非鴉科鳥類，牠們屬於鶇科（Turdiae）。許多鴉科鳥類都是黑色的鳥，但並不是所有的黑鳥都隸屬鴉科，我知道這令人頭昏眼花，但你可別怪我，這規則不是我訂的。

世界上隸屬鴉屬（*Corvus*）的鳥類有四十多種；簡單來說，牠們大致上都是適應力強且聰明的鳥兒，維持單一伴侶、會儲藏多餘的食物且葷素不忌。牠們還是極其頑強的生物，幾乎任何地方都能見到牠們，而且都活得非常自在，不論是在沙漠、北極地區、海岸邊、山峰、鄉鎮或城市。渡鴉正是能生存的「適者」。

牠們的羽毛油亮、身材結實，有強壯的腿和腳爪，步態也

十分特別，讓牠們看起來就像人一樣，走起路來時而翻滾，時而垂頭。查爾斯‧狄更斯（Charles Dickens）將牠們的步伐，形容為「一位十分講究的紳士穿著過緊的靴子，試著快速走過卵石路。」我自己也想不出更好的形容了。牠們還有和身體相比顯得稍大的頭和眼睛，鳥喙肥短厚實，喉頭周圍的羽毛蓬蓬亂亂的，下顎又寬厚——其實跟許多近衛軍儀仗衛士很像。牠們的外觀有點像烏鴉，但體型大得多了。渡鴉的體重大約是一般烏鴉平均體重的三倍，這比拳擊界中，輕蠅量級和重量級的差距還要更大，簡直是天壤之別。牠們的鳥喙比烏鴉的喙更大、更重，翼展也更為寬廣，介於三至四英尺之間。還有什麼特徵能辨別渡鴉和烏鴉呢？渡鴉通常成對飛行，烏鴉則是以群體方式飛行；渡鴉的尾羽呈楔形，烏鴉則是比較像扇子。渡鴉的叫聲低沉沙啞，烏鴉則是刺耳聒噪。

　　我第一次近距離觀察渡鴉的時候，簡直無法相信牠們的體型竟然這麼大。那時候我已經在倫敦塔工作約六個月了，當時的渡鴉大師德瑞克‧柯爾來找我，並說：「嘿，小子！」——每個人他都叫「小子」。他當時大約六十歲了，而我差不多四十歲。「嘿，小子！」他說，「我覺得渡鴉應該會喜歡你。」

　　當時我不太確定德瑞克說「牠們應該會喜歡我」是什麼意思，究竟是指牠們會喜歡把我拿來吃，還是喜歡我這個人，或我

這個近衛軍儀仗衛士。我的腦海中，出現了舞蹈電視節目《舞動奇蹟》（*Strictly Come Dancing*）裡的場景，所有鳥兒排成一排，手裡拿著滿分十分的評分板替我打分數。總之不管他是什麼意思，都挑起我的興趣了。自從來到倫敦塔之後，我已經看過渡鴉在綠地附近跳來跳去，忙些牠們每天要做的事，但我並不知道牠們究竟為什麼會出現在這裡，還有牠們都在幹嘛。我對鳥類幾乎一無所知。以前念書時，我有個朋友熱衷於玩賽鴿；我還記得他曾給我看過他的鴿子，但老實說我並沒有感到非常興奮。我唯一和倫敦塔渡鴉曾有過的接觸，就是有次德瑞克叫我去把我們的灰色大波斯貓「老虎」抓走；牠總喜歡坐在舊鳥籠上騷擾渡鴉，慵懶地把爪子伸進籠子裡逗弄牠們。德瑞克就會對我大喊，「快把那隻該死的貓抓下籠子，克里斯，否則渡鴉就要把牠抓來當晚餐吃了！」那時候我當然會想，應該是反過來才對吧？過了幾年之後，我才發現德瑞克說得一點兒也沒錯：我已經不只看過一次渡鴉追著倫敦塔居民的貓貓狗狗到處跑了。

「快來呀，」德瑞克說道，「跟我來。」我立刻跟了上去。千萬別向皇家維多利亞勳章得主德瑞克·柯爾頂嘴，他在軍中或是近衛軍儀仗衛士中都是傳奇人物。德瑞克這個人可是絲毫不隱藏的。他的軍旅生涯堪作典範，不僅以童兵的身分加入又稱約克郡軍團的知名英國步兵團——綠衣軍團（the Green Howards），

更一路晉升為軍團士官長（RSM, Regimental Sergeant Major）。他這個人就是典型的軍團士官長：身材高大，即使放鬆時都站得直挺挺，腦袋聰明又機靈。若找他去演黑白的老戰爭電影，肯定是再適合也不過；但在強悍的軍人外表之下，他其實是個無比親切的紳士，而且看人的眼光非常精準。

於是，德瑞克帶我前往舊的渡鴉圈地，打開了門，叫我走進籠子裡見見兩隻我有史以來見過體型最大的鳥兒。

「不要直視牠們的眼睛，」他說道，「保持距離，別靠太近，牠們會覺得受到威脅。」牠們居然會覺得受到威脅！我才不想直視牠們的眼睛或靠得太近咧！

這真是嚇到我了。我一直都很熱愛野生動物，但我從來沒有和這麼大的鳥兒靠得這麼近過，實在不知道會發生什麼事。任何曾經和鳥兒困在同一個狹小空間的人絕對會懂我的感受：就算沒有鳥類恐懼症，有鳥兒在你身邊也會令人有點焦慮。如果你不知道自己在做什麼，又不懂牠們在做什麼的話，鳥類的行為根本無法預測。我還聽過其他近衛軍儀仗衛士說過各種有關渡鴉攻擊的駭人故事，我真的不想被咬！

我用非常緩慢的步伐慢慢踏進籠子裡。

「不要表現出害怕的樣子，」德瑞克說，「牠們會發現的，而且會記住。」

「好吧。」雖然嚇到魂飛魄散，但我決定隱藏起來。

總之我就進去了，在籠子的角落站了一會兒，那簡直像永遠那麼久，身邊一對渡鴉死命盯著我瞧，牠們亮晶晶的小眼睛看穿了我的靈魂。我經歷過很多艱難的時刻，但那次的經驗彷彿還是昨天的事。突然間，其中一隻鳥兒飛過來棲息在我身旁，這讓我有點吃驚。我能感受到渡鴉的鼻息吹在我臉上。我還想著是否該準備慢慢走開的時候，令我驚訝的是，那隻渡鴉只是左右晃晃牠的頭，然後鞠躬似地低下頭、展開羽翼，接著響亮地嘎嘎叫了一聲。

「好啦，」德瑞克說，「你出來吧。」

現在回頭想想，我才了解那天晚上德瑞克叫我進去籠子裡和兩隻大渡鴉相處，是為了要評估我的反應，看看我是否會表現出恐懼，還有我在牠們身邊時能不能應付得來。何況，渡鴉自己就很會看人，德瑞克就可以立刻判斷牠們能不能和我一起合作。有時學習經驗的唯一方法，就是直接從最困難的地方開始著手就對了。

「你沒問題的，」他一邊把我從籠子裡拖出來，一邊說著。

「明天清晨五點半來找我。」就這樣，我通過了和渡鴉的面試，立刻納入德瑞克的麾下，成為渡鴉大師的其中一位助手。當然了，現在我不會幻想用這種方式把我的新助手介紹給渡鴉認

識。應該不會那樣嚇人家啦。

　　誠如我所說，渡鴉的體型真的很大。渡鴉平均身長約兩英尺，體重大概是二點五磅。牠們是所謂的雀形目鳥類中體型最大的──這下又說回了生物命名及分類系統──雀形目可是囊括了超過一半的鳥類物種。當然還有很多種更大的鳥，像是蒼鷺、水鳥、隼和其他猛禽，但我們一般日常所見的鳥兒中，鴉科鳥類就是最大的了。既然談到了雀形目，我再幫你補充一點鳥類學知識：雀形目又能再下分三種亞目；其中一種是鳴禽亞目（Passeri / oscines），「oscines」意思是「鳴禽」，而「Passeri」的字面意思是「棲息」。因此，渡鴉隸屬雀形目鳴禽亞目鴉科。真是「有用」的資訊呢，是吧？而我對雀形目鳥類的了解也差不多就這樣了。我能很肯定地告訴你，渡鴉真的很喜歡停下來歇息，而且常常停在最不方便的地方。渡鴉飛行的姿態也很優雅、愛嬉鬧，因常常翻來滾去而出名，行走的時候則是趾高氣昂。當然，最顯著的特色就是牠們是黑色的。

　　雖然我說牠們是黑色的，但仔細一瞧，那種黑其實橫跨了深淺不一的深紫色、綠色和藍色，非常令人讚嘆。年老渡鴉的羽毛色彩還特別斑斕，霧尼和梅林娜的羽毛近看的話可是繽紛地出奇。這些年下來，我已經拍下上千張渡鴉的照片分享到社群媒體，偶爾會捕捉到一些極其鮮亮的顏色，有時候都會有人來問照

片是不是曾動過手腳。有些鴉科鳥類確實是五彩繽紛；例如現蹤於北美、南美洲的綠藍鴉，色彩就和鸚鵡一樣鮮亮，但是就連樸素的渡鴉，牠們的黑也是涵蓋了光譜、色階，各種層次交疊復加的黑。這種黑可以是煤煙黑、土壤黑、黑釉的黑、煤灰黑、黑板色的黑、中東眼影的黑、木炭黑，甚至是「法式黑」、「德式黑」及「義式黑」。我不知道有多少字詞和片語可以用來形容黑色——石板黑、鑄鐵黑、烏黑、平面電視的黑、墨黑、焦黑、祭服的黑、地獄般的黑——但渡鴉的黑千變萬化，多變的程度就跟黑色本身附帶的意義及價值一樣令人眼花繚亂：黑色代表著死亡、哀悼、否定、罪惡、莊嚴、沒有自由、人類的所有恐懼以及權力之實踐。

關於渡鴉以及其他鴉科鳥類為什麼變成黑色的神話和故事非常多。在希臘神話裡，有隻烏鴉在告訴太陽神阿波羅（Apollo）說，他的女友跑了，還嫁給別人這個壞消息之後，就被阿波羅變成了黑色。還有一個故事是說，先知穆罕默德在洞穴裡躲避敵人時，有隻當時是白色的烏鴉發現了他，還大喊「嘎，嘎！」（Ghar, ghar!），意思是「洞穴，洞穴！」然而，穆罕默德的敵人聽不懂烏鴉的叫聲，他得以逃之夭夭，但他為了懲罰烏鴉背叛他，便把烏鴉變成黑色，更詛咒烏鴉一輩子只能發出「嘎，嘎！」的叫聲。另外，某些最早居住在阿拉斯加的居民——阿拉斯加的阿薩巴斯卡族（Athabascans）則是相信，在人類出現以前、世界依

然年輕的時候，渡鴉的顏色如雪一樣白。渡鴉是山巒的創造者，熱愛生命，靈魂充滿了光亮與美。這些良善讓牠邪惡的黑色雙胞胎感到十分忌妒，因此殺了白色的渡鴉。從此之後，世界變得不完美，渡鴉也由白轉黑。而在某一則伊索寓言中，渡鴉為了想變得像天鵝一樣白，就跑到湖裡清洗牠的羽毛——但牠畢竟不是天鵝，在湖裡又沒東西吃，牠竟然溺死了！

　　在我看來，所有講述渡鴉為何變成黑色的故事，都在說這是對一些冒犯之舉或做壞事的懲罰。但其實在荒野世界，黑色的羽毛耐用又實際：它可以吸收熱能，如此一來，鳥兒就能像活在溫暖氣候一樣，在寒冷的氣候中生存；到了夜晚，它更是最佳的保護色，能讓鳥兒不被人類或其他掠食者發現蹤跡。黑色不僅美麗，還非常合情合理。

·—— · **Chapter 10** · ——·

The Raven Spreads His Wings
渡 鴉 展 翅

　　每天早上將渡鴉從圈地裡放出來時，我們得遵守特定的順序。霧尼和朱比利最先出來：牠們會直接飛往牠們位在倫敦塔東北角，馬汀塔（Martin Tower）旁邊的地盤。接著是哈利斯和葛利普：牠們會飛往南邊的草地。最後是艾琳和洛基，牠們也會飛去南邊的草地：牠們是最強勢的一對，所以我總會讓牠們最後出去，這樣其他渡鴉才能安全地飛到牠們的地盤，不會和艾琳及洛基狹路相逢遭到挑釁。如果我們不照這個順序放出渡鴉，麻煩就大了，絕對會天下大亂。渡鴉是習慣性的動物，只要遇上些微的改變就會產生各種問題。在動物行為學中，描述這種傾向的正確用詞是「恐新症」（Neophobia）。牠們喜歡遵循儀式和慣例。牠們習於遵循啄食順序，喜歡搞清楚誰是誰，該是什麼就是什麼。我猜我也一樣。

　　渡鴉飛翔時，我都會仔細觀察牠們，不論是每天早上、日

間或夜晚，日復一日。我已經觀察並研究牠們的飛行姿態無數次了，但這個奇觀從來沒讓人看膩過。當然每隻鳥兒移動的姿態都有些微不同，就像我們基於生活經驗和基因組成的差異，行動起來也會略有差別。但牠們都會先蹲低，接著展開羽翼後縱身一跳，然後就飛了起來；牠們會向下拍動翅膀，此舉會產生氣壓推動牠們往前、向上，再不斷擺動翅膀，但提醒你一下，這和烏鴉擺動的樣子不同，烏鴉擺動起來可是非常費力的，而渡鴉只要輕鬆地滑翔，在你發現前牠們就飛走了。真是太驚人了。你得在腦海中慢動作重播一遍，才能理解整個過程，進而欣賞這樣的姿態、景象和聲音。你能想像這種感覺嗎？你能想像可以隨心所欲地起飛、俯衝和滑翔，無憂無慮地在空中盤旋，看著眼底下的土地縮小至微不足道，完全掌控自身命運的感覺嗎？這就是我這一生中最大的遺憾，我永遠都無法體會飛翔是什麼感覺。

我倒是知道墜落是什麼感覺。我在賽普勒斯服役的時候接受過跳傘訓練。我們在那邊做過很多冒險訓練（adventure training）：攀岩、水肺潛水、自由落體跳傘。你講得出來的，我應該都做過。這就是從軍的一大優點，我就是為了這個入伍的。我就是那種任何事情都想嘗試的軍人，永遠想看看能把自己逼到什麼地步，極限到底在哪裡。我從小就非常好勝；我記得上小學的時候，在某次運動會上，我在起跑線上列隊準備比賽，我

看見媽媽在人群裡便對她大喊：「媽，等著看我贏得比賽吧！」而我的確贏了。我從軍之後個性也沒有變，就跟以前一樣永遠全力以赴。我就是這樣的人。我總會想考驗自己，讓自己更加卓越。在我還是青年兵的時候，我就當上准下士，之後又晉升為下士，倒不是因為我有什麼特別之處，只是因為我堅持不懈。我還記得在訓練期時，我在一次演練中，從一部四噸級卡車（這種卡車專門用來運輸部隊和補給，是英軍忠實的好夥伴）的後方跳下去，我感覺到自己的腳踝裂開了，但我為了不要變成墊背的，就先把腳包紮起來繼續前進。大約過了一週後，等我稍微能走路時，我這才去看醫生。我打了六個禮拜的石膏，但即使是那個時候我仍持續訓練。我就是這麼不服輸。

看著渡鴉，我可以清楚地回想起第一次自由落體跳傘的經驗。那時我們在一架小型賽斯納飛機上，輪到我的時候，我轉過身來，豎起大拇指後就倒著往外跳出去，其實我們不能這麼做的，但我只覺得有何不可？我一點都不害怕。我的教練氣炸了，因為我沒有遵循標準程序。但所幸結果還不錯，我是我們排上最優秀的跳傘員，不久後還獲邀加入軍團的自由落體跳傘隊。唉，不過當時我的指揮官對我另有安排，所以就沒機會了。不過，藉由觀賞渡鴉，我得以實現我飛行的夢想。

我們所有的渡鴉都能飛。最大的風險，當然就是牠們可能會

飛走。這就是渡鴉大師的真正挑戰：如何讓渡鴉盡可能地像活在野外般自在，但又要鼓勵牠們留在倫敦塔。想達成這個目標就得取得平衡，這也是我多年來所面臨的難題。

•

在早期，渡鴉大師會將每隻渡鴉單邊翅膀上的初級飛羽和次級飛羽都修剪掉（初級飛羽是最大的飛羽，幫助鳥兒在飛行中產生推進力，次級飛羽則幫助鳥兒能在空中維持不墜）。用這種方式修剪翅膀能有效限制渡鴉的行動，這是不讓牠們飛走的其中一種方法。我採用的是不同的手段。我認為渡鴉有權享有我能力範圍所及內最大的自由。我記得好幾年前參觀動物園時，看見老虎焦躁地在籠子裡來回踱步、爬上爬下，牠們看起來既悲傷又無聊，實在讓我看了非常心痛。你也許會說，我們把渡鴉留在倫敦塔，限制牠們的自由，就跟對待動物園的老虎沒什麼兩樣，這的確是真的；但這樣的話，除了野外的動物之外，所有被豢養以及受到照顧的動物、鳥、魚或任何生物也都是一樣的了。

身為渡鴉大師，我認為我的職責，就是延續讓渡鴉居住在倫敦塔的傳統，但確保這個傳統的運作方式在二十一世紀依然適當也是我的工作。我認為我們的渡鴉就好像全球渡鴉的代言人，提醒大眾鳥兒在我們生活中的所扮演的角色以及重要性。若你同意把渡鴉留在倫敦塔確實有不錯的理由，那唯一的問題就是該怎麼

做。

　　所以我是如何把渡鴉留在這裡的呢？我絕對沒有折斷牠們的翅膀，某次有位導遊居然提出這種建議；我也沒有在渡鴉小的時候就把牠們的翼羽拔除，阻止它又長出來；我更不可能對牠們下藥，防止牠們飛走。這些方法已經很誇張了，但好幾年來我還聽過更扯的方法和陰謀論：例如鳥兒身上都被打上標籤，受電子儀器監控，或是我們在倫敦塔周圍造了某種力場。有些人甚至會問渡鴉是不是真的。

　　如果渡鴉不是真的，我就沒工作啦。

　　擔任渡鴉大師後，我透過多次嘗試錯誤，還有聽從自己的直覺發現，其實以前根本沒有必要持續修剪渡鴉的初級飛羽和次級飛羽。我反而會依據體型、體重還有季節判斷，盡量不要修剪羽毛。夏季時，我會讓飛羽生長到讓渡鴉幾乎能以全速飛行的長度；到了冬季，為了在黑暗又寒冷的那幾個月中緊盯牠們的狀況，我就會多修剪一點。我總會把成對的母鳥的羽毛，修得稍微比牠的另一半要多一些，因為我知道公鳥都會跟著母鳥到處跑，所以有配偶的公鳥幾乎永遠都是以全速飛行。而梅林娜呢，因為牠在來到倫敦塔之前就已經變得像人一樣，或說已留下銘印（imprinted），加上如今我們已經一起生活了好多年，我幾乎不會修剪牠的羽毛；一部分也是因為不管我修剪多少，牠永遠都會

想辦法飛上屋頂去。

　　這種只修剪最少量羽毛的方法有許多優點。如此一來，渡鴉得以使用牠們的翅膀，透過運動及鍛鍊飛翔用的肌肉讓牠們更健康；萬一受到掠食者攻擊，牠們也比較有機會脫身。雖然這也代表了渡鴉有能力離開倫敦塔，但我願意承擔這種風險。

　　我都靠觀察和直覺來判斷該修剪多少羽毛。若我看見某隻渡鴉可以從圈地飛到和白塔的階梯差不多高度，那表示修剪得恰到好處；但如果牠們可以飛到倫敦塔的屋頂上，還像直升機一樣繞來繞去、颼颼作響，那我就知道牠們可能該剪些羽毛了。

　　渡鴉的羽毛只會在三月到九月底之間生長，因此每隻鳥每年只會修剪幾次羽毛。在助手的幫忙之下，我會盡可能溫柔地捉著渡鴉，把牠抱在我的胸前，將翅膀伸展開來用剪刀稍作修剪；有時候會修剪初級飛羽，但通常是修剪次級飛羽。修剪掉一吋羽毛就有天壤之別了。接著我會讓牠們冷靜一下，牠們馬上又會飛出去了。

　　目前為止，一切都好。從來沒有半隻渡鴉在我眼皮底下溜走。

　　呃，不算真的溜走啦。

Chapter 11

The Great Escape
大　逃　亡

　　二○一○年十月。一大清早，天色黑暗，寒冷但乾燥，典型的秋季天氣。為了讓未來世代的人依然能欣賞古老的砌石工藝，白塔上的鷹架已經搭建好幾年了，用來進行大規模的修復工程。白塔整個西面都被包上了帆布和金屬；唯一還看得到的部分，就是屋頂上的風向標以及金色皇冠，不斷提醒大眾白塔是貨真價實的皇家宮殿，還有英國的盛行風主要都從西南方吹來。

　　在白塔整修期間，我們得把渡鴉的籠子移走。鷹架上持續傳來鏗鏗鏘鏘的敲打聲，還有石匠的木槌不斷在石頭上叩叩叩的敲擊聲，都可能會害渡鴉承受壓力，於是我們在隔了好一段距離的地方，搭了一個臨時的圈地，裡頭放了幾個舊籠子還有一些木屋。木屋的窗子全都拆掉了，讓鳥兒可以進去棲息、遮風避雨。

　　天空透著十月清晨的曙光，我一如往常地前往探視渡鴉。

　　就快走到籠子之前，我注意到霧尼似乎不見了。原本我還不

太擔心，因為晚上時牠常常躲在木屋裡面。

　　我打開手電筒往裡頭一照了照，希望看得更仔細一點。霧尼當時的伴侶布蘭愉快地棲息在樹枝上，開始進行早晨的例行事務，整理牠那又長又黑的飛羽。牠抬起頭惡狠狠地盯著我一會兒，確定我沒有威脅後，又繼續忙著整理自己的羽毛。布蘭可是隻野性十足的鳥，還討厭所有人類；牠會攻擊所有擋住牠去路的遊客，或是手裡有牠自認屬於牠的東西的人。布蘭就是我之前在接受電視新聞訪談時，攻擊攝影師的那隻渡鴉。牠的搗蛋行為實在太惡名昭彰，渡鴉團隊因此幫牠取了個綽號叫「惡棍」，這個暱稱的確挺壞的，但卻非常貼切。〔大導演希區考克的電影《鳥》（ The Birds ），改編自莫里哀（Daphne Du Maurier）的小說，講述一家人遭受各種凶殘鳥兒攻擊的故事。據說參與拍攝電影的其中一隻渡鴉，因為實在太隨和了，竟然拒絕攻擊任何一位演員。布蘭恰好完全相反，我們總是小心翼翼地和牠打交道，還得戴上厚皮革手套和護目鏡。唉，牠一直無法完全適應倫敦塔的生活，最終還是被解除職務了，再也不需要牠駐守。有些渡鴉就是無法在這裡安身立命，與其看著牠們生病、承受龐大壓力，或是造成其他鳥兒的困擾，我寧願把牠們送去給飼育員照顧，牠們就可以遠離群眾，也不須達成要留在倫敦塔生活的特殊要求。〕

　　總之，就在我打開籠子門，探頭進去木屋裡瞧瞧霧尼在不在

裡面時，布蘭都非常平靜。霧尼的確在木屋裡面，我不禁大鬆一口氣，但剎那間，牠突然從我兩腿間溜走，衝出木屋後又立刻飛出籠子外，我徹底忘了該關上門！這是我犯的第一個錯誤。霧尼顯然是想逃出牠臨時的住所，我完全中了牠的埋伏。我轉了一圈後，只看見布蘭也看著我。牠肯定和霧尼串通好了。

●

這下有隻渡鴉意外逃跑了。這樣已經夠糟了，因為會打亂其他渡鴉的日常生活，但更糟的是，由於我奉行最少量修剪羽毛策略，我已經好幾個禮拜沒有修剪霧尼的羽毛，這表示牠幾乎是全速飛行……。

霧尼強壯的翅膀讓牠迅速就能提升高度，接著牠就愈飛愈高，飛進了微亮的天空中；最後，牠神氣十足地環繞著白塔飛行，彷彿是在歡慶勝利般的繞場之後，牠消失了。

身為這裡最年長、迄今最狡猾的渡鴉，霧尼總是喜歡待在塔上消磨牠的時間，而且是愈高愈好。牠喜歡在上頭看著下方一大群的遊客，盤算著偷竊食物以及調皮搗蛋的機會。我很擅長爬高，至少以前挺擅長的，早就習慣將霧尼從很高的防護牆上連哄帶騙帶下來。即使到現在，牠最喜歡玩的遊戲，就是在晚上渡鴉的就寢時間和我玩捉迷藏，特別是在下著傾盆大雨、天寒地凍，還有我累得筋疲力盡的時候。

但這一次可不一樣，牠這次很明顯是要來場大逃亡了。我頓時不知道該怎麼辦，只能站著看牠飛走，嘴巴開開，像隻無助的小雞在等人餵食。從來沒有渡鴉在我眼皮子底下開溜過；我得重新掌控局勢，而且要快。

　　我把籠子的門關上，確保其他渡鴉都在現場後，接著以最快的速度衝向白塔南端，看看能不能發現這名逃犯。什麼都沒有。我又馬上搜遍了所有牠平常可能躲藏的地點，希望牠可能降落在某個熟悉的地方，但徒勞無功。霧尼真的消失得無影無蹤。我失職了。我辜負了女王、倫敦塔還有渡鴉。牠們現在全都非常焦躁，還需要人餵食以及照顧；於是我趕緊做完剩下的早晨勤務，清潔、餵食、剁肉、刷洗水碗，同時盼望著霧尼會神奇地回到圈地內，厚著臉皮擠出一個微笑，這樣一切就會恢復正常了。偏偏事與願違。

　　我知道霧尼很調皮，但我實在不懂為什麼牠會想要離開倫敦塔，不過後來回想起來，我猜白塔的維修大工程肯定是打擾到牠了。也許牠只是需要去透透氣、休息一下，真的太難受了。我們大家也都有這種感覺。

　　我把雜務做完後，懷抱著僅存的希望再次抬頭看看天空，認命接受牠已經離去的事實。

　　我回到位在砲台中的家，通知倫敦塔控制室有隻渡鴉不見

了，這件事正式寫入紀錄之中。那天後來，我還通知了渡鴉團隊的其他成員、倫敦塔營運主管、新聞處還有值勤總督。如果渡鴉離開，倫敦塔真的會崩塌、大英帝國隨之滅亡嗎？不會，但這件事的確讓大家非常頭疼。

●

倫敦塔以前也曾因為各種原因搞丟渡鴉。舉例來說，在一八九六年的《科克時報》（*Cork Examiner*，現名為《愛爾蘭時報》）中就有一篇文章指出，曾有兩隻渡鴉從倫敦塔飛去聖保羅大教堂的圓頂上，從此之後就再也沒回來。另外，在一九四六年九月十三日的晚間，倫敦塔的紀錄上簡短寫著「渡鴉葛利普消失了。牠當時十七歲，從一九三九年四月起就在綠地上蹦蹦跳跳。」同一份紀錄上還記載著，一九六〇年九月十三日，渡鴉葛洛格（Grog）擅離職守，「最後現蹤於倫敦東區的『玫瑰與潘趣碗酒吧』！」還有，一九九五年八月二十三日，《倫敦標準晚報》（London *Evening Standard*）也有份驚人的報導：「倫敦塔驚傳叛國風波！查理殺死了渡鴉」有隻名叫查理的史賓格緝毒犬在執行日常安全勤務時，殺了一隻也叫做查理的渡鴉。（根據報導，該緝毒犬並未受到任何懲處。）

●

當我們失去一隻渡鴉時，標準的作業程序如下：若有隻渡鴉

失蹤，必須立刻遞補空缺。若有兩隻渡鴉失蹤，我們也會立刻遞補牠們的位置。但要是我們慘烈地痛失所有渡鴉呢？咱們還是祈禱千萬別發生這種事吧。

如果失去一隻渡鴉，我和團隊成員當然會非常難過。我們近衛軍儀仗衛士都把渡鴉視為是倫敦塔真正的守護者，所以要是我們少了一隻渡鴉，你肯定能想像我們會有多苦惱了。但幸運的是，我們喜歡用些老派、軍人間愛說的玩笑和嘲弄為彼此打氣；搞丟霧尼的那一天，我當然是被同事們狠狠嘲笑個沒完了。

我無法不去想牠。牠到底飛去哪了？牠會飛往哪個方向？牠能獨立生活嗎？牠還活著嗎？牠被攻擊了嗎？也許有人會認出牠是倫敦塔的渡鴉，然後打電話通報牠的行蹤。畢竟渡鴉在人群中是挺容易發現的，牠們明顯和麻雀或鴿子不同，而且又那麼喜歡大吵大鬧。我發現自己正等著那通不知道是好是壞的電話，無助地盯著天空，期待霧尼也許會突然出現，飛越倫敦塔上空。

我當天的勤務是負責守衛內城區，我們近衛軍儀仗衛士都會輪流巡守。我正準備最後一次巡邏血腥塔，這份工作得負責看顧排隊遊客的安全。等到排隊人潮逐漸消退之後，我回到一個在超過一世紀以前為我們建立的狹窄黑色哨亭中，以免遇上惡劣的天氣。正當我悲慘地看著最後幾位遊客經過的同時，我發現那天不只我一個人在想念霧尼。其他渡鴉也都異常安靜。我想牠們也發

現牠不見了。

那天快結束的時候，我的對講機突然響了起來。

「呼叫渡鴉大師克里斯多福·斯卡夫。請回答。」是我的同事，口氣聽起來挺雀躍的。

「請說。」

「克里斯，你瞧瞧白塔南面的金色皇冠頂端，那是渡鴉嗎？完畢。」

「收到，我去看看，等等。」

我爬出哨亭，抬頭往纏著帆布和鷹架的白塔上一瞧；我的雙眼緊張地看著白塔的金色皇冠最頂端，那個像是一顆小黑點的東西。是霧尼嗎？根本無法確定。每天白塔頂端上都有顆小黑點坐在那裡呀！那個地方對倫敦的每隻烏鴉來說可是最棒的瞭望處，而且距離這麼遠，實在很難分清楚那到底是烏鴉還是渡鴉。牠飛起來了；我只能靠著渡鴉獨特的鑽石型尾羽，還有四條又細又長的飛羽才確定牠是渡鴉。我站了一會兒，一邊盯著天空一邊豎起耳朵聆聽，突然間，我聽到了，那是霧尼特殊的嘎嘎叫聲。牠就是霧尼！牠回到倫敦塔了，太棒啦！

現在我唯一的任務就是讓牠飛下來。

「回覆。沒錯，牠就是霧尼，感謝你發現牠。請回答。」

「收到，克里斯，祝你幸運地把牠抓下來。通話完畢。」

我現在需要的不是運氣，我需要一條繩子和幾個釣鉤。

終於到了傍晚倫敦塔的關閉時間，近衛軍儀仗衛士開始將最後的一些遊客送出去。我抬頭看著霧尼，心想不知道牠的肚子會不會餓。也許我該去店裡買幾隻美味的小鼠或大鼠，牠看見我抓著食物揮舞後，就會飛下來停在我的手臂上，感激地將小鼠一口咬下？不對，那是不可能發生的。畢竟牠可是霧尼，我的死對頭。我只有一個方法能選了。

在解釋接下來發生什麼事前，我得先講清楚，我完全沒有被任何歷史皇家宮殿的成員要求、說服或強迫採取以下的行動。這是我自己的決定，就是這麼魯莽沒錯；因為這是當時為了要捉回渡鴉看起來最合理的方法了，或許也是為了恢復我的自尊吧。

•

你可能會想，對一個當過英國步兵、擁有豐富自由落體跳傘經驗，又曾派駐全球服役將近二十五年的人來說，爬上白塔應該沒什麼大不了的，肯定輕輕鬆鬆就能登上白塔捉下渡鴉，再把渡鴉夾在手臂下爬下來，進而確保大英帝國安然無恙。但請記好了，我只是當過兵，我可不是詹姆士·龐德啊！也許我曾經有那麼一次，樂於在一萬兩千英尺的高空中，自動從飛機上跳下去，但過了幾年之後，我得說，一想到要為了渡鴉冒死爬上白塔就讓我心驚膽跳。我已經不像以往那麼敏捷和健美。我以前可以天天

負重五、六十公斤跑來跑去，但跳下飛機、再拿著機關槍射擊會讓人有些後遺症。我的右膝已經換成不鏽鋼關節，背上有五處椎間盤突出，槍擊聲也讓我的聽力有點受損。何況，服役期間我還出過幾次車禍，但儘管如此……

包圍著白塔西面的複雜鷹架，支撐著一整排的木製平台，讓石匠可以好好修復古老的石牆，但僅僅是用幾把梯子將七、八層樓連接起來，根本不像將金屬防火梯搭在建築物的一側般那樣牢固。

我確定沒人看著我之後，最後一次抬頭看著金色皇冠，霧尼驕傲地停在那裡歇息，自顧自地理毛。我心想，很好，我要來抓你了，你這個瘋丫頭。

我爬過一道屏障，進入了石匠的工地。有兩頂亮黃色的工地安全帽放在一張老舊又滿布灰塵的桌子上，我脫下頭上寶貴的近衛軍儀仗衛士帽，試了試工地安全帽的尺寸，心想著在我爬上白塔的時候，至少得注意一下基本的安全守則。但我馬上意識到，穿著近衛軍儀仗衛士的制服再配上黃色的安全帽，這身打扮實在太荒謬了。因此我決定冒一次險，為了時髦一點，不戴安全帽。

我來到鷹架的階梯起始處後就開始攀爬，一層一層愈爬愈高，繞著金屬的鷹架螺旋爬上去，直到爬上白塔最頂層屋頂上的最後一個平台。我歇了一會兒好喘口氣，望了望底下迷你世界的

狹窄牆縫；我以前曾經上來過這裡一次，但那次我是爬著裡面的樓梯上來的，才不是外頭的鷹架階梯。這裡真的非常高，我心想。

霧尼就在眼前。牠身上黑得發亮的羽毛，在傍晚漸暗的天色中閃閃發亮；牠正棲息在金色皇冠的邊緣清理身體，不斷用強而有力的喙來回理毛，還凝視著倫敦由玻璃和水泥勾勒出來的寬廣地平線，彷彿世事絲毫與牠無關。這景象當然非常壯觀，但我可不是來看風景的。我小心翼翼地沿著上層平台，踏上塔樓的基座。我的心臟猛力狂跳，連我自己都以為我可能會昏倒。我正準備要躍步向前的時候，我的制服鉤到了連接鷹架的夾鉗。我頭頂上只剩一個狹窄的木製平台，就在風向標的底座之下。如果我能繃緊神經爬上那裡，我就能評估局勢，準備捕捉。我的制服已經被粉塵弄髒了，但現在擔心外表已經來不及了，根本不會有人看到我在這兒。我突然覺得自己既脆弱又孤單。

我距離霧尼只剩不到二十呎，我還能透過帆布圍欄的縫隙中看見，隨著天色逐漸暗去，牠愈來愈想睡了。牠肯定是累壞了。此時不捉更待何時！我勉強爬上最頂端的平台，現在牠已經在我的直視範圍內了。我就站在塔樓最頂端的鉛製圓頂上，頭上只有一片天空和風向標，還有霧尼；而距離我腳下一百五十呎遠的，則是冰冷堅硬的土地。如果我能在圓頂上保持平衡，一手抓著風

向標的同時靠近霧尼，那麼也許我就有足夠的伸展空間，可以用另一隻手捉住牠。我現在別無選擇，只能開始動作。

我發現自己開始旋轉起來，頭上的天空彷彿變成消失在漩渦裡的水流，我立刻頓悟我的計畫根本是破綻百出。我還記得我瞥見霧尼往夕陽的方向飛去，而我也莫名其妙地抓住了風向標——我完全不知道自己是怎麼活下來的。我徹徹底底忘了一個簡單的事實——風向標會因為風向突然改變，而繞著輪軸旋轉；就在我伸手抓住風向標的時候，我就跟著往東北方轉過去了，不僅把我和霧尼的距離拉開，也讓我錯失了捉住牠的機會。

在我此生一長串「我所做過的該死蠢事」清單中，這一件事的蠢度高居不下。其實我還得要到現在，都經過了幾年之後，才敢大方暢談這件滑稽的鬧劇，還是看在渡鴉的份上才說的。

就像我一直警告的：照我所說的去做，別跟著我的行為去做。

爬下白塔的那一趟路程簡直是漫長的羞恥之路。我被霧尼騙得一愣一愣的，而且又讓牠逃走了。

牠飛離倫敦塔了。

·——· Chapter 12 ·——·

Resistance to Interrogation
拒 絕 提 審

　　霧尼從白塔上消失之後，好幾天就這麼過去了，週末接著來臨，依舊沒有聽說有渡鴉在倫敦閒晃，或是和鴿子一同在特拉法加廣場上納涼的消息。以前從沒聽過有渡鴉離開倫敦塔這麼多天後又回來的，所以我們正式將霧尼標記為擅離職守。接著我就接到了消息，是從倫敦塔控制室傳來的無線電訊息。

　　「呼叫渡鴉大師，請回答。」

　　「請說。」

　　「我們剛接到一通格林威治一位藍牌導遊（Blue Badge Guide）的電話，她說她看見有隻渡鴉在皇家天文台（Royal Observatory），想問問是我們是不是有渡鴉不見了。」

　　「她怎麼知道那是渡鴉？」

　　「她說那隻鳥體型很大，腳上戴著一個墨綠色的腳環。」

　　就是霧尼！

「那隻鳥兒還在嗎？」

「是的，在格林威治公園裡的一棵樹上。」

「感謝你，控制室。我要出發了。收到，通話完畢。」

經過那一場風向標的糗事後，現在我有機會挽回我的名聲了。這一次霧尼不會逃跑了。

但牠當然還是逃走了。

我的助手薛迪和我賽跑——好啦，是以逼近速限的速度比誰先開車趕到格林威治；霧尼就待在其中一個天文台旁邊的樹上，對遊客和工作人員造成了不小的騷動，牠用盡全力嘎嘎大叫，吵得不得了。薛迪和我想過要爬樹，但這棵樹非常高大，下過雨之後又溼溼滑滑的，何況我們也有點過了最會爬樹的年紀了。除此之外，當我們一靠近，霧尼就愈跳愈高，在樹枝間不斷穿梭，害我們兩個束手無策。我們可是近衛軍儀仗衛士，當然不可能找消防隊來幫我們捉鳥。我們別無選擇，只好先撤回倫敦塔，再想想備用計畫。

隔天早上，我回到格林威治公園假裝遛狗。我不想吸引不必要的關注，所以我沒穿上制服。我幾乎在公園裡的每一棵樹都停留了一會兒，好幾個小時過去了，期盼著霧尼依舊待在樹上的某個地方。我想牠現在應該已經非常飢餓，於是我仔細檢視了公園裡每一個垃圾箱，還有每間咖啡廳或冰淇淋店，以及皇家天文

台的入口，這裡擠滿了觀光客，我知道這種地方正是霧尼最喜歡的目標地點。但最後我又放棄了，帶著無比沮喪的心情回到倫敦塔。我和霧尼真是棋逢敵手。

渡鴉會不計一切代價謀求生存。這就是為什麼牠們可是出了名地殘酷：牠們吃腐肉和屍體維生。牠們在任何地方、任何生存條件都能活得下去，還可以為了獲得想要的東西，把自己和其他人逼到極限。這一點實在令人敬佩。

我還記得我在陸軍服役的時候，曾被問過想不想參加專業生存訓練課程。那時候的我對任何事都興致高昂，於是我就答應了，還問了另一位同袍想不想和我一起參加。他問我，是什麼樣的生存課程？去蘇格蘭摘蘑菇嗎？我說，差不多就是去蘇格蘭摘蘑菇。他就和我一起報名了。

結果，這堂課居然是要和在德國的特種部隊一起上長期偵察及反審訊的課程。恰好有幾個多餘的名額，能給任何笨到自願來參加的人上課。我和我的同袍是精實的步兵，在當時已經有多年從軍的經驗，但這堂課完全是另一回事：逃脫及迴避、被狗和獵殺部隊追捕，然後是無可避免的擄獲及審訊。

你可能會覺得這種經驗非常有趣。我不會詳述所有細節，光說說下列這些就夠有意思了；反審訊訓練課程中會用上各種技巧，試著從你身上挖出訊息，但你只能供出五類資訊：姓名、軍

銜、兵籍編號、出生日期、血型。你的睡眠會遭到剝奪，然後再被各式各樣的問題和情境轟炸，好逼你開口。令我驚訝的是，在某一次回想與記憶的測驗中，我發現自己能毫不費力地抵抗審訊。我的審訊官對我疲勞轟炸長達兩小時後，我都還能保持清醒，並回想起他所說的一字一句。照理說我應該要累到睡著才對，但我反而挺享受聽他講話的。最後課程結束的時候，我的教官說：「我得跟你說，克里斯，你真是我這輩子遇過最無趣的討厭鬼了。」在回家的路上，我記得我的同袍轉過頭來跟我說：「結果根本不是去蘇格蘭摘蘑菇嘛，對吧。」

和霧尼交手絕對不是像去蘇格蘭摘蘑菇這麼簡單。

●

霧尼逃到格林威治幾天後，我又收到來自倫敦塔控制室的一通電話。

有位住在格林威治公園附近的紳士聲稱他逮到了一隻渡鴉，目前被他軟禁在家，而且還是裝在運動提袋裡！神奇的是，他只用一個提袋、一條毯子、一副厚園藝手套還有幾根雞腿，就成功捕獲霧尼，他肯定比我更經驗老到。

薛迪和我又比了一次看誰最快趕到格林威治。我敲了敲這位紳士的前門。

「在我家廚房的應該就是你們的渡鴉。」他說。

「我也這麼想，先生，我們非常希望能把牠帶回去。」

他帶我們一路進到廚房，快瞧瞧，霧尼就在眼前；這位逃犯快樂又安穩地待在運動提袋裡，探出頭來用牠那對亮晶晶的小眼睛好奇地看著廚房。我們將牠裝進牠的運輸籠，再謝過這位紳士的善舉以及幫助我們拯救大英帝國之後，便啟程返回倫敦塔。

隔天，霧尼並沒有因為這趟旅程而感到疲憊，不過牠的體重有點過輕，因此我決定讓牠安全地在圈地裡待上幾個禮拜，以便我監控牠的健康狀況，讓牠回到正常體重。我想這樣也能讓牠反省一下自己的行為。我也該反省：霧尼這次大逃亡讓我學到了一個非常簡單的教訓，在我擔任渡鴉大師的職業生涯中得一次又一次地複習。

千萬不要低估渡鴉的能耐。

·——· **Chapter 13** ·——·

Citizens of The World
世 界 公 民

　　渡鴉有時候真的很難發現，但牠們可能會在任何地方現蹤。介紹歐洲鳥類最具權威的手冊——《西古北區鳥類圖鑑》[6]（此書共有九冊，閱讀起來並不輕鬆）——這本書的編輯寫道：「對渡鴉來說，棲息地的概念廣泛到幾乎無法定義有所謂的棲息地。」這句話說得太好了。渡鴉是遍布全球的物種，所以直接點明牠們不會以哪些地方為家，可能會比提出牠們都住在哪裡來得更簡單。當然了，你不會在俄羅斯新地島（Novaya Zemlya）看見牠們，那裡是俄羅斯和歐洲北方北極區的一小塊群島，其實已經算是西伯利亞的一部分了；但除了那裡以外，不論在沙漠、山區、高沼、森林、峭壁、海岸、城鎮、村莊或城市，你都可以找到渡鴉或其亞種。

　　渡鴉西班牙亞種（*Corvus corax hispanus*）：遍布於伊比利亞、巴利亞利群島、薩丁尼亞島。渡鴉南歐亞種（*Corvus corax*

---

6 此書全名為：《西古北區鳥類圖鑑：綜觀歐洲、中東及北非》（Handbook of the Birds of Europe, the Middle East, and North Africa: The Birds of the Western Palearctic）

laurencei）：足跡從東地中海地區起，一路延伸至中東再到中國。渡鴉北非亞種（*Corvus corax tingitanus*）：遍布於北非沿海地區。渡鴉加納利群島亞種（*Corvus corax clarionensis*）：遍布於加納利群島（Canary Islands）。渡鴉冰島亞種（*Corvus corax varius*）：遍布於法羅群島及冰島。渡鴉東北亞種（*Corvus corax kamtschaticus*）：遍布於蒙古及日本。渡鴉青藏亞種（*Corvus corax tibetanus*）：猜猜這是哪裡？渡鴉中美亞種（*Corvus corax sinuatus*）：遍布於北美西部及美洲中部。當然還有渡鴉北美亞種（*Corvus corax principalis*）：即遍布於北美地區的常見渡鴉。牠們任何地方都能去。一九二一年時，大衛・阿米塔奇・巴納曼（David Armitage Bannerman）在《不列顛群島鳥類》一書中寫道：「有人甚至看見渡鴉在海拔兩萬一千英尺的山上，啃食英國珠峰登山隊隊員的屍體腐肉。」

由於渡鴉無所不在，現在遊客來到英國時，倫敦塔是少數幾個能見到渡鴉的地方了——除非你造訪的是威爾斯的山區或蘇格蘭高地，抑或英格蘭北部高地。根據德瑞克・拉克里夫的著作——此書是介紹渡鴉的終極大作——《渡鴉：一段不列顛及愛爾蘭的自然歷史》（*The Raven: A Natural History in Britain and Ireland*）寫著：「儘管在一五〇〇年時，倫敦還有為數可觀的渡鴉，但到了一八〇〇年，渡鴉卻幾乎消失無蹤。」發生什麼事了？

在十八及十九世紀期間，渡鴉逐漸被視為是會散播疾病的有害生物，農夫和牧羊人把牠們看作害鳥，還會為城鎮和都市帶來危害，因此牠們被獵殺到近乎絕種。世人對牠們又恨又怕，獵殺渡鴉還可以領賞，牠們的鳥巢也遭到破壞。的確要到一九八一年，英國的渡鴉才受到《野生動物及鄉野管理法》（Wildlife and Countryside Act）的保護，但在此之前，牠們都被視為獵物。所幸渡鴉的數量已經增加了：根據英國皇家鳥類保護學會（Royal Society for the Protection of Birds）統計，目前英國及愛爾蘭內有七千四百對渡鴉，雖然這和估計大約有一百萬隻的烏鴉或五十萬隻喜鵲相比依然是微不足道。曾受到迫害的物種，需要很長一段時間才能恢復族群數量。

不用懷疑，野外的渡鴉的確可能帶來危害，尤其是大量幼鳥聚集在一起的時候。然而，儘管如此不受歡迎，牠們依然和英國的往日榮光息息相關，渡鴉在英國人的生活和文化中象徵性的意義，遠遠超過在我們生活中實質存在的意義，也更加淵遠流長。英格蘭最偉大的工人階級詩人約翰·克萊爾（John Clare），常在作品中哀悼鄉野遭到破壞，也寫了非常多關於鳥類的作品。在他的詩作《渡鴉之巢》（The Raven's Nest）中，他想像了一個永恆不變的世界，渡鴉每年都會回到村莊。

牠們依然住在這裡

歷經風雨和風暴也依然安好

宛如編年史上的里程碑

珍藏著仍歷歷在目的鄉村記憶

高大的老橡樹依然乘載著渡鴉之巢

　　寫得真好，對吧？此詩將渡鴉和其鳥巢喻為儲存鄉村記憶的載體。渡鴉不是疾病的徵兆，而是黑色的記錄天使（recording angels）。

　　渡鴉確實非常受到英國鄉村文化的認同，有好幾十個村莊、城鎮、河流、田野、農田及農莊都取了和渡鴉相關的名字。例如在坎布里亞郡（Cumbria）中，你會見到有條渡鴉溪（Raven Beck）、好幾座渡鴉峭壁（Raven Crags）、一座渡鴉之崖（Ravencragg），而在蘇格蘭則有個渡鴉山（Raven Craig）。還有渡鴉谷（Ravensdale，在約克郡）、東渡鴉谷（East Ravendale，在林肯郡）、渡鴉地（Ravenfield，又在約克郡）、兩個渡鴉頂（Ravenheads，分別在柴郡以及默希塞德郡）、渡鴉丘（Raven Hills）多到數不完；再加上渡鴉石、渡鴉壁、渡鴉墩、渡鴉林、渡鴉區。在蘇格蘭的話，有渡鴉泉和渡鴉湖。渡鴉已經刻劃在鄉野地景上了。

天上也有渡鴉的蹤影。南半球的天空中有個星座叫烏鴉座（Corvus），形狀略似渡鴉，第二世紀的天文學家托勒密（Ptolemy）用了阿波羅的奇怪傳說為之命名。根據傳說，阿波羅派了一隻渡鴉去取水，牠拿了水杯後便飛走了，但牠在途中見到了幾株無花果。牠嘗了嘗這些無花果後發現果實尚未成熟，因此牠就一直待到果實成熟為止。後來渡鴉帶著一條水蛇飛回了阿波羅身邊，騙阿波羅說水蛇阻斷了牠取水的路，所以費時這麼久才回來，但阿波羅非常清楚渡鴉打的是什麼主意，因此詛咒牠和同類直到無花果成熟時才能喝水，難怪渡鴉的叫聲聽起來這麼乾啞！阿波羅後來將渡鴉、水杯和水蛇丟上空中，如今有四顆最明亮的 γ、δ、ε、β Corvi 星組成了烏鴉座。真是一個精彩的渡鴉小故事。

也許哪天退休了以後，我可能會拜訪不列顛和愛爾蘭中各種不同的渡鴉城鎮和村莊，還有世界上和渡鴉相關的地方和物種，收集所有令人著迷的神話和故事。我知道在阿拉斯加的喀奇甘市（Ketchikan）有間叫作渡鴉專釀（Raven's Brew）的咖啡公司，他們宣稱自己的咖啡是「最後一種合法嗨起來」的神物，這趟旅程肯定很好玩。當然也得去看看美國的美式足球隊——巴爾的摩渡鴉隊（Baltimore Ravens）；我還很想會一會澳洲的渡鴉：澳洲渡鴉（*Corvus coronoides*）、小渡鴉（*Corvus mellori*）、林渡

鴉（*Corvus tasmanicus*），這種渡鴉正在迅速消失當中。數年來，我都很幸運地能在野外一些地方發現渡鴉。在康沃爾的時候，我曾經看見一片藍天中襯托著兩塊小斑點，周圍飄著深灰色的烏雲，牠們肩並著肩盤旋、比翼雙飛，向下俯衝後又雙雙回頭，再次盤旋而上。這個畫面在我腦海裡歷歷在目；渡鴉在空中對舞的模樣，比任何人類的表演更加令我深受感動。

真希望我在軍中的那幾年可以更加關注野生動物，天曉得我錯過了些什麼。我記得有時候我們會前往北愛爾蘭的南阿瑪郡巡邏，我會讓隊伍停下腳步，示意他們躲藏起來，因為路邊有些野鼠、田鼠，或是野兔之類的小動物正要穿越田野。其他軍人都覺得我瘋了，但這樣總比要提心吊膽地躲避愛爾蘭共和軍（IRA）的狙擊手來得好。

其實呢，我記得就在第一次巡完北愛爾蘭之後，我們暫時回到了軍營一陣子，接著才被單獨派駐貝里斯六個月。貝里斯耶！要是我當初在貝里斯時專心一點就好了！

我們以傳統英軍的方式為派駐貝里斯做準備，進行一些叢林訓練——但是在下雪的冬季，而且是在諾福克郡（Norfolk）的塞特福德（Thetford）市。我從來沒有去過任何像貝里斯的地方，那裡前身為英屬宏都拉斯，我們派駐當地的時候，該國才剛獲准獨立，但依然有些英國士兵駐守作為嚇阻兵力。貝里斯這個地方

真是太夢幻了；我就是在這裡第一次嘗試水肺潛水，除了潛進水裡看珊瑚礁，還和梭子魚和雙髻鯊一同在海中優游，這是我從未想像過的水底世界。這裡也是百分百天然的棲息地；貝里斯將近一半的國土都是森林，你會看到一群野豬、鹿，還有一種叫作貘（tapir）的生物，牠們看起來像是長著長鼻子的矮胖小黑豬，是一種夜行性動物，靠吃水果維生。你可以藉由追蹤牠們的足跡穿越叢林找到水坑，還能看見牠們在游泳，把長鼻子高舉在空中像呼吸管一樣。我愛死這些矮小的貘了。除此之外，樹上還有吼猴（howler monkey），河裡有鱷魚，還有美洲豹、美洲獅、一大堆蛇以及蜘蛛。

雖然我當時沒意會過來，但貝里斯正是賞鳥人士的天堂。要是我現在能帶著我所知道的鳥類知識回到貝里斯就太好了！我會去看看彩虹巨嘴鳥（Keel-billed Toucan）、領簇舌巨嘴鳥（Collared Aracari）、藍頂翠鴗（Blue-crowned Motmot）、灰尾美洲咬鵑（Slaty-tailed Trogon）、裸頸鸛（Jabiru）、船嘴鷺（Boat-billed Heron）、螺鳶（Snil Kite）、美洲姬翠鳥（American Pygmy Kingfishers）——貝里斯的驚人鳥類根本列舉不完。

就像以往一樣，我當時忙著在叢林裡想辦法生存下來，沒心思注意那些鳥兒。我愛貝里斯。在貝里斯的生活有點像我小時候在多佛的樣子，必須在野外活下來，搭建 A 字型簡易房屋、生

火、學會追蹤和誘捕技巧。這種生活非常適合我。唯一不同的是夜間叢林裡的聲音——不間斷的嗡嗡聲、爆裂聲、咕噥聲甚至是尖叫。叢林的聲響從不停歇，而且不只是從不停歇，音量還非常大。有時候若你沿著小徑一路開下去，蝗蟲和蟋蟀的聲音甚至能大到蓋過荒原路華（Land Rover）的車聲。我們的車一路上轟轟開過時，路上會出現野生火雞或野豬，小組指揮官就會隨意掃射一番，準備把牠們拿來當作茶點。當時真是野蠻。

●

　　儘管我可能錯過了在貝里斯當愛鳥人士的機會，但又有多少人敢說自己天天費心觀察身邊的鳥兒和動物呢？直到我開始和渡鴉一起工作之後，我才自稱是個愛動物的人，但其實我根本不懂動物行為或動物智力，更別提所有和動物相關的精采傳說、故事和象徵了。我以前總是不以為意。小時候我家養過烏龜、好幾隻兔子，還有三隻分別叫作小琴、威士忌和雪莉的貓——發現有什麼關聯了嗎？我們也養過狗狗；一隻是叫作林哥的傑克羅素犬，牠因為把我咬得太慘就被送走了，還有一隻叫貝絲的巴吉度犬，可惜牠在我某次帶牠散步太久後就去世了。派駐在賽普勒斯的時候，我太太和我住在里馬索（Limassol）一間附帶大花園的屋子，我們後來居然收養了二十二隻流浪貓！賽普特斯到處都有貓，我們都會把牠們帶回家照護，再請獸醫幫牠們絕育。我記得有隻貓

某天晚上，還在我們的床上生下了小寶寶。但對我來說，教我領會所有人性複雜之處，和非人動物間關係（nonhuman animal relationships）的，不是這些貓貓狗狗，而是渡鴉。

· —— · **Chapter 14** · —— ·

Double-Hatting
斜 槓 人 生

　　早上將渡鴉放出圈地之後，我就會趕回砲台中的家，去護城河上迅速遛個狗，再換上我的制服，接著就準備進行白天的工作。

　　我一直都是大家口中所謂的斜槓人士；在軍中的時候，我是專業機槍手。我永遠不會忘記第一次在二十五公尺範圍發射衝鋒槍的那種感覺。其實那把衝鋒槍已經是沒用的老傢伙了，就連一個濕紙袋都打不穿，但我覺得它好美妙。它的槍響、它的味道——混合著柯代炸藥（cordite）和擦槍油（gun oil）的味道。我真是愛死它了。當然還有老舊的 SLR，這種自動裝填的步槍威力可強大了，簡直就像轟出一記獵象步槍。由於我是左撇子，所有事情我都得適應右撇子的用法，但沒有任何事可以澆熄我的熱忱。我的專長是持續射擊；準備好通用機槍（GPMG）、7.62mm北約彈，架上三角架後，再配上 C2 瞄準鏡，就能讓你的射程遠遠超過一千一百公尺，以兩人小組的模式為排上提供火力支援。

有了通用機槍和瞄準鏡，你的子彈就可以翻山越嶺！想像一下夜間時你在排上的小組就有九把機槍，那種腎上腺素狂飆的快感。

除了擔任機槍手之外，我還是一名鼓手，就連我自己也和其他人一樣驚訝。對我來說，演奏樂器是學來的技能而非天生的，而這絕對不是我原本就打算學習的技巧。我還記得入伍的第一天，大家都在老舊的停機棚中列隊，我們的排長出來跟我們說我們都會成為鼓手。「你們都會成為步兵，」他說道，「但你們也要學習如何打鼓和吹橫笛。」我們簡直不敢相信！你一定能想像我們說了些什麼話；我們都是一些十六、十七歲的青少年，其實都還只是孩子，我們入伍是為了當個像樣的士兵。我們以為會被派去福克蘭群島，或類似那樣的地方，但我們根本沒想到自己還得花十八個月的時間學打鼓和吹橫笛，才會被指派軍團。於是大家群起抗議，有人發起連署，隔天我們就馬上提交給排長；不久後我們又在停機棚中列隊，這時一位年邁的鼓樂隊指揮從辦公室裡走了出來，手中一邊揮舞著指揮棒，一邊說我們都會因為變節而遭到槍斃。我那時真是嚇得半死。

後來我們並沒有因為變節而遭到槍斃。

反倒令我驚訝的是，在接下來的十八個月中，我成了兵團鼓樂隊的一員，同時也成了一名步兵──我愛死這兩個身分了。直到今日，英國陸軍多數的步兵營中依然設有兵團鼓樂隊；這是軍

隊生活中，進行典禮和儀式時一項非常重要的元素。

　　鼓手挺特別的；我們的思維不同，行為表現也不太一樣。若排上有人適應不良，通常他們就會被派去參加鼓樂隊，因為大家都覺得鼓手有一點……該說不尋常嗎？——就是比較獨立自主，個性也有點古怪。鼓手的訓練也十分不同。身為童兵的我們，早上要出去挖壕溝或進行刺刀訓練，下午則是上音樂課的時間。我們大部分的人這輩子都沒上過音樂課，不過軍中的音樂課肯定和學校教的天差地遠。下士會出來說，「這是音符 G」，他會向你示範如何在橫笛上吹奏出音符 G，他手上會拿著一根超粗的低音鼓棒，如果你吹錯了，他就會拿起鼓棒往你頭上敲下去。我就是這樣學會吹奏音樂的——被下士用低音鼓棒持續敲頭十八個月後就會啦！這招看起來確實有用：我們組成了一個不錯的鼓樂隊，而且過了好幾年之後，我自己最後還當上了鼓樂隊指揮。

　　（讓我說清楚講明白，因為就連我的一些朋友和家人，甚至偶爾也有近衛軍儀仗衛士可能搞不清楚，或喜歡假裝搞不清楚：鼓手並不算軍樂隊隊員。軍樂隊隊員演奏樂器主要是為了娛樂和慶祝，他們是樂手，但鼓手並不是為了歡慶而演奏的，若你曾經聽過鼓樂隊全速擊奏就會懂了。鼓手是訓練有素的步兵，恰好又會打鼓。）

　　身為步兵隊鼓手，你得更加倍努力證明自己。隨著你的軍旅

生涯持續推進,你得進行雙倍的訓練,扛起雙倍責任。我總是能如魚得水;這也表示,除了近衛軍儀仗衛士的其他工作之外,再加上照顧渡鴉對我來說從來就不成問題。有些人可能會覺得有點麻煩,但我完全無法想像過著沒有牠們的生活,倒不是因為我覺得身兼兩份工作樂趣就會加倍。以前擔任鼓樂隊指揮的時候,有一部分的樂趣來自於為典禮場合盛裝打扮;話又說回來,後來想想,我在陸軍的日子其實都是為了日後在倫敦塔的生活做準備。

我們近衛軍儀仗衛士每天穿的制服叫作藍色軍便服(Blue Undress)。這和你們在國家重要場合上,看見我們穿的有圈都鐸王朝時期的輪狀皺領「拉夫領」(ruff),再配上褲襪的那種正裝禮服不一樣。(原本還得穿長統襪呢──說到穿長統襪的那種不適感喔!女士們,我真是難以想像。)這種藍色軍便服包括一件寶藍底色襯著猩紅色滾邊的罩袍,胸前繡著女王的徽章,還有側邊鑲紅條的長褲、一頂都鐸軟呢帽、黑鞋及黑襪,以及一條大銅釦皮帶。冬天的時候我們也有披風可穿。我將渡鴉大師的識別徽章別在罩袍袖子上,就別在我的右手腕和手肘中間。徽章上有一顆渡鴉的頭,代表著「蒙福的布蘭」,還有一頂代表英國王室的皇冠,底部則是一圈象徵權威的桂冠花環。最早在一九六九年別上這個徽章的人,是第一位受正式指派的渡鴉大師約翰・威明頓(John Wilmington)。(若你仔細瞧瞧,你會發現其他近衛

軍儀仗衛士的制服有些細微差異；我們有些人會在無線電對講機套上別著我們的軍團徽章，鈕扣則可能是軍團鈕扣，而不是一般統一發配的鈕扣。）我也該解釋一下，我們罩袍胸前上的女王徽章——那個大大的「EIIR」字樣，意思是伊莉莎白女王二世（Elizabeth II Regina）。你肯定會對有多少人問過那是什麼意思感到驚訝——近衛軍儀仗衛士往往都會回答「代表極度浪漫，先生。」（Extremely romantic, sir），或是「右邊第二個出口，女士。」（Exit second right, madam）我也聽過有近衛軍儀仗衛士回答說是「早起的鳥兒」（Early riser）、「年老的家僕」（Elderly retainer），當然還有「緊急救援服務，需要幫忙嗎？」（Emergency Response, how can I help you?）

近衛軍儀仗衛士的制服——我們不會把它稱為「服裝」，謝謝，因為它不是普通裝束，而是一種制服。這兩者是不同的：服裝穿的是一種風格，而制服則有身分辨識的功用。一八○○年代中期設計出這種制服時，是為了讓近衛軍儀仗衛士穿起來更舒適方便，否則他們原本天天都得穿上全套的正裝禮服。現在我們只有在特殊場合或在女王面前，才會穿上全套的都鐸王朝制服。要將全套的都鐸王朝制服維護得新穎挺拔，本身就是一項大任務。（舉例來說，那一圈知名的都鐸王朝拉夫領，要將白色棉花用玉米澱粉漿過，壓摺成一圈，再用一些耐用的棉線固定。它是設計

用來維持頸部直立，讓你在皇室面前保持昂首，戴上那一圈後肯定會這樣的。）我們也有半身的都鐸王朝制服，基本上就是比較簡便一點的版本。半身都鐸王朝制服包含一件猩紅色罩袍，上面裝飾著繡上七十一公尺長金線的黑絲絨布條。胸前繡著皇冠、皇室徽章，背上則繡著英格蘭的都鐸玫瑰，還有分別代表蘇格蘭及北愛爾蘭的薊花和三葉草。穿著半身都鐸王朝制服時，要配白手套和藍色軍便服的長褲。全套都鐸王朝制服的下身則是要配一條猩紅色馬褲，並將馬褲用一條金色飾帶，以及點綴著用紅白藍三色緞帶編成都鐸玫瑰花飾的銅釦，緊緊綁在膝下的位置。而穿著全套都鐸王朝制服時，還得配上擦得晶亮的鞋子，鞋面上也要有和馬褲相同的都鐸玫瑰花飾，再配上醒目的猩紅色羊毛長統襪，但現今已經改為較實用的厚褲襪了，而且還專門為男士在正前方開了一個洞，原因你知道的。（有一個歷久不衰的老笑話：若想指揮任何一個沒戒心的菜鳥男性近衛軍儀仗衛士，那個洞就要移去後面。）

　　穿上制服，出去和民眾見面吧。

· —— · **Chapter 15** · —— ·

The Story
倫 敦 塔 故 事

　　我們倫敦塔遵循一份稱為「服務表」的古老工作體制來進行
管理；基本上就是一種確保各種職位，日日夜夜永遠都有適當人
力來執行勤務的輪班制度表。內城牆區和外城牆區都有勤務崗
位。我們也會執行所謂的「特殊勤務」（Specials），即舉世聞
名的近衛軍儀仗衛士導覽。每次導覽時間大約一小時，我們一天
內會進行三次導覽。

　　帶領導覽需要花一點時間適應。擔任近衛軍儀仗衛士必須要
會許多特殊的技能，當兵時可不會全部替你做好準備：這份工作
橫跨駐衛警、禮儀衛兵、業餘歷史學家和單口喜劇演員。讓我給
你一個建議：在任何情況之下，都不要起鬨干擾正在為你導覽的
近衛軍儀仗衛士。我只能說，要是你來參加導覽時想搗亂，最好
要有不錯的幽默感以及厚臉皮。

·

我熱愛帶領導覽。對我來說，這是這份工作最棒的部分。我的導覽開場白通常是這樣的：「早安，各位女士和先生，歡迎來到女王陛下的宮殿與城堡——倫敦塔。我是倫敦塔的渡鴉大師克里斯，接下來的五個小時我將會擔任你們的導覽員……。」想也知道導覽當然不會真的長達五小時，但就像我們所有近衛軍儀仗衛士一樣，我應該可以把導覽撐到至少五小時那麼久，如果這樣不會太久的話。

　　當你最初來到倫敦塔上班時，就會被指派一位近衛軍儀仗衛士當作導師。我的導師現在已經退休很久了，他是優秀的導覽員，可說是最傑出的一位。你要跟著你的導師學習我們口中所謂的「故事」。「故事」就是詳述倫敦塔的歷史、塔內所有建築物、歷史事件、倫敦塔相關人物，還有重要日期、紀念日和鬼故事的腳本，以及有關刑求、死刑、凶殺和神祕事件的故事。它涵蓋了所有你可能想到和倫敦塔有關的事情，整套腳本有一萬三千字你都要學起來。自從我們在十九世紀早期，開始開放大量的遊客參觀倫敦塔起，這套故事中的許多細節已經逾兩百年都沒有更動。要背誦完整套故事大概費時一小時到一個半小時，你必須要能夠憑記憶逐字背給導師聽，從頭到尾都要一字不差。這套故事建構著整趟導覽的基礎——它就是一套故事。我總會跟我們的遊客說，如果你想知道倫敦塔真正的歷史，不要問近衛軍儀仗衛士，

自己找本書來看。若你想知道真正的歷史，就去看歷史書籍。如果你想聽的是故事，那就來參加導覽。

把這套故事學起來以後，就可以即興發揮，增添自己的見解和細節，但一定要精準地牢牢記住原版故事以後才能這麼做。如此一來，若有必要時，另外一位近衛軍儀仗衛士就可以在進行導覽的任何時刻接手，因為坦白說，有時候還真得這麼做。偶爾會遇上有人在導覽時身體不適；當你面對群眾的時候，可能會出現各式各樣的其他問題。你一定能想像。我們都見識過了。例如我們就常遇到有人昏倒，當我們開始談到倫敦塔歷史中比較腥風血雨的部分時，他們會覺得吃不消。

要當個優秀的近衛軍儀仗衛士，你一定要擅長說故事。你得是個說書人。你要能夠擄獲觀眾，不論他們是八歲或是八十歲，不論有二十人或兩百人，不論他們來自何處，甚至他們的母語還不是英語。這是一種大眾劇場（Public Theatre）的形式，開放式的單人表演，你唯一的樂器就是你的嗓音。我總會用幾種發聲練習來暖暖身——唱唱 do-re-mi、咿咿嗯嗯一會兒練練共鳴，接著我會直接前往看守塔（Byward Tower）喝幾口水，然後去和群眾見面。呼吸。微笑。開講。

在導覽的前幾分鐘內，就能立刻察覺今天來的是不是好觀眾，如果是優秀的觀眾，他們就會經歷一場優秀的導覽。如果他

們不是好觀眾，好吧，他們還是會體驗一場優秀的導覽，但肯定得要多費點兒心了。你得娛樂觀眾，而他們肯定也會為你帶來歡樂。不管你當天過得如何，或觀眾當下的心情又是如何，大家都付了很多錢來參觀倫敦塔，他們當然想聽到生動講述的傳奇和故事。有時候聽眾中會有正在吵架的情侶，或不甘願參加導覽的小朋友，抑或是不甘願參加導覽的大人，但你仍得找出方法，告訴他們兩位小王子的故事、蒙默斯公爵（Duke of Monmouth）的頭被砍下後又縫回去的故事，還有安妮・博林遭斬首後，眼睛和嘴唇還動來動去的故事。你不能搞砸，也不能讓觀眾失望。你得找到日復一日講述相同故事，和回答相同問題的方法。你不僅得找到自己講述這套故事的方法，還得找出重新講述這套故事的方法。當我擔任見習近衛軍儀仗衛士的導師時，我總會提醒他們，即使這套故事可能已經講過一千遍，但對於付費參加導覽的遊客來說，都是第一次聽到這一套故事。

帶領一場非常棒的導覽就好像變成一名爵士樂手：用畢生經驗進行一場即興表演。你可以在大約六個月內學會這套故事，但死記硬背和精通掌握之間可是有著天壤之別。你可以使用各種技巧來回想基本的事實，例如圖像聯想、位置記憶。那些技巧都是我的導師教我的，但要讓這套故事具有你自己的風格，大概需要三、四年的紮實練習。如果你想讓這套故事帶有一點幽默感，

你得學會如何講笑話。你得抓準時機，要知道哪些事情該略過，什麼時候該暫停，還有該強調什麼。如果你想多說一點細節和史實，那它們得非常精確。這套故事一定要有個令人滿意的風貌。你還得要有十足的耐力。在倫敦塔登台講古十多年之後，我現在應該是有史以來的最佳狀態，但我仍總試著想讓故事盡善盡美。

我不太清楚我究竟是從哪裡發展出說故事的興趣。以前在多佛時，我媽媽和祖母工作的美髮沙龍絕對是閒話家常的大本營，而且我的祖母瑪麗也是一位業餘歌劇演員。我祖母的身型矮小卻非常有個性，她和我祖父還是多佛歌劇社的台柱，因此他們兩個的表演欲當然是非常強烈的。他們以前會在假日時，帶著我們坐上他們那部金色的亨博（Humber）老車，一路開到北義大利有著美麗海灘的比比翁（Bibione），孩子們都會在後座的紅色皮椅上嘻嘻鬧鬧。

我們聖誕節時會去拜訪他們位在多佛的家，差不多會有二十人聚集在飯廳的大桌子旁，祖父母會自己泡咖啡來喝，讓我們小朋友們喝汽水、吃餅乾。花園底端有一條河，我們大家都會去那兒撒下漁網抓棘魚。我們還會騎著腳踏車或三輪車四處蹓躂。那裡實在是一個神奇的地方，也許我就是從那兒遺傳到了我對表演和戲劇的熱愛。

又或許，想要娛樂其他人和自己只是人之常情。我記得以前

在多佛的時候，曾和我的夥伴去舒格洛夫山（Sugar Loaf Hill）露營，鬼故事把我們嚇到魂飛魄散。每次學校的戲劇表演也都有我的份——體驗閃亮的舞台燈光、上台表演的經驗；我們盛裝打扮，演出《玩遊人世間》（The Roar of the Greasepaint – The Smell of the Crowd）之類的音樂劇。我也參加過教會的唱詩班。曾有一小段時間，我還是首席少年歌手呢——但別告訴我們近衛軍儀仗衛士的同事們，否則這件事會沒完沒了！念書時，我總是非常喜愛歷史課，因為有很多故事可以聽。真正的英格蘭古歷史那類的故事。而在軍中的時候，有好多個漫漫長夜都得站夜哨，一定要說些關於前女友們或晚上在城裡喝醉的故事，還有值勤出任務時遇上的怪談。

當我的軍旅生活接近尾聲的時候，我去了陸軍就業服務處談談有什麼出路，我說我可能想做些和歷史有關的事。我不會說他們放聲大笑，但他們腦中想像老兵可以做的事情和我想做的事情絕對不同。我知道自己想做有點挑戰性的事。很不幸地，沒有很多工作適合熱愛歷史、又愛說故事的步兵，更別提我還是會打鼓吹笛的專業機槍手了，這些可都是非常特殊的技能。儘管我身懷絕技，但我意識到我勢必得從頭來過。

因此我決定將命運掌握在自己手中；我趁還在服役的時候，去薩賽克斯大學（Sussex University）修了在職進修的考古學課

程。我想要追本溯源、從最初開始，我想我大概自以為是下一個印第安那瓊斯吧。我跟你說，去念大學真的是太好玩了。之前我可是從未體會類似經驗，念書帶給我的文化衝擊比從軍還要更大。我根本沒想過這些全新的體驗——學習如何獨立搜尋一個主題、在小組討論會或團體討論時發表自己的想法——就像軍事訓練一樣，竟然會對我之後在倫敦塔的工作帶來這麼多幫助。

　　當時我正駐守在布萊頓擔任機槍排的常務訓練官，負責訓練國防義勇軍成員。這是個很棒的工作，我可以更常回家陪伴家人，這是我整個軍旅生涯中，最能過上正常生活的工作。我也是這時候開始修讀學位的。某天，我和布萊頓國防義勇軍中心的一位老管理員談起我對歷史的熱愛，他建議我，若我這麼喜愛歷史，應該去應徵近衛軍儀仗衛士。那時候我根本不知道近衛軍儀仗衛士是什麼，也完全不知道還可以應徵這個職位。他有位朋友在倫敦塔的珠寶館（Jewel House）上班，他給了我一個電話，於是我便打給近衛軍儀仗衛士長，向他要了一張應徵表格。就這麼簡單。

·── · Chapter 16 · ──·

Application

應 徵 渡 鴉 大 師

　　才沒那麼簡單。我正打算應徵倫敦塔的工作時，卻發現我並不符合基本條件。我符合在軍中服役最少二十二年、毫無瑕疵紀錄的要求，但軍階至少得升至准尉，偏偏我沒有。我是陸軍上士。若你是鼓手的話，最高差不多就只能升官到上士了，因為要花很多時間練習以及組織鼓樂隊。上士的軍階正好高於中士，但低於准尉，所以看來在我試著應徵前，我就出局了。但儘管如此，我太太還是鼓勵我申請看看。她就像我一樣，總抱著「事在人為」的態度，甚至比我更堅持。要是當初沒有她，我根本不會在倫敦塔工作。

　　倫敦塔每年大約會收到一百封應徵信，而二○○五年，我應徵的那一年，只有十二個人獲邀參加面試。我就是其中之一。面試時，你得針對一位歷史人物發表一段二十分鐘的報告。

　　我選了據說在一四七一年五月二十一日晚間，在倫敦塔的韋

克菲爾德塔（Wakefield Tower）禱告時遭刺殺身亡的亨利六世。別忘了，我可是很勉強才畢業的呢！我做了一大堆研究，看了很多書和文章，還把報告牢牢記在心裡。我沒讓我在布萊頓帶領的機槍排和我一起進行武器訓練或操演，反而要他們聽我練習我的報告。布萊頓的 TA 3PWRR 機槍排，抱歉啦，小伙子們。

　　面試那一天，我太太和我去了倫敦塔。我這輩子只參加過兩次工作面試，兩次都是由我生命中的女人全程陪同；一九八〇年初期的時候，我媽陪我去了多佛的陸軍招募中心，而我太太則是陪我去了倫敦塔，這是幾乎二十五年後的事了！

　　當我們抵達倫敦塔時，我太太參加了應徵人伴侶的導覽，了解一下住在倫敦塔可能會是什麼狀況；而我們這些應徵這份工作的人聚集在一起和近衛軍儀仗衛士長見面，他向我們自我介紹後，就把我們分成好幾個小組進行我們的報告。輪到我的時候我非常緊張，但我全力以赴，想說應該還算順利——只是我記得近衛軍儀仗衛士長和其他倫敦塔的員工，全程都擺出一副撲克臉。接著我們做了個別面試。標準的面試問題如下：你為何想要來這裡工作？你可以為這份工作帶來什麼技能和經驗？告訴我們你參與團隊工作的經驗。就是一些很普通的題目。然後是幾個針對倫敦塔的問題：對於被別人拍照一整天感覺如何？幸好我已經練習回答過所有我能料想得到的問題，我可以誠實地說，我對那次面

試盡心盡力了。

　　隔天我接到了一通電話。我沒有錄取。他們會找別人遞補這個空缺，但他們說會把我排進候補名單。我整個人萬念俱灰。在做了一堆研究、並且親自到倫敦塔看看近衛軍儀仗衛士的生活之後，我一心只想成為其中一員。我不禁好奇是不是因為我只是個上士，而不是准尉的緣故，但我沒那個膽子開口問。

　　我再六個月就要退伍，然後我就是局外人了——新工作下落不明，更別提轉換事業跑道了。我太太和我開始規劃其他安排。不過，命運出現了驚人又出奇的轉折，讓我的人生踏上一條嶄新的道路；兩週後，倫敦塔打電話告訴我一個職缺突然出現了。於是我又回去倫敦和倫敦塔總管、行銷部門以及遊客服務的主管碰面，我也得再次發表我的報告，但是這一次我的表現更好了。這簡直像得了勞倫斯奧立佛獎！我又進行了一次面試，他們問我為何該給我這份工作。幸好，我的腦袋很清楚，帶上了我最新一期的考績表；在軍中時每年都會收到考績表，指揮官會對你的表現寫下一些評論，它就印在知名的黃皮書上。我的指揮官對我讚譽有加，因此我交出我的黃皮書時說：「這就是為什麼你們該給我這份工作。」

　　隔天，二〇〇五年七月七日，他們打電話通知我錄取了。這天正好發生倫敦七七爆炸案，五十二人死亡，七百人受傷。這

是英國第一起自殺攻擊，這件事讓我思忖了一會兒。我去當兵已經讓家人擔心了二十年，我真的要放棄和家人在布萊頓的安穩生活，選擇一份在倫敦正中心、充滿不確定性的工作嗎？我在答應前思索了一下。二〇〇五年九月十九日，我離開軍隊，成為「女王陛下的宮殿與城堡——倫敦塔的皇家近衛軍儀仗衛士，與君主的英國皇家衛隊衛士」，負責保衛倫敦塔的安全，以及保護王權御寶。這是我長大成人後，第一次回歸公民的身分。我十六歲時加入陸軍，四十歲時退伍。那真是恐怖的一刻。退伍時，你得拿著一張表格到處跑，註銷所有東西。制服要還給軍需官，找牙醫及醫療中心幫你簽轉出，接著還要去找指揮官、連級士官長，直到見完所有的人，接著你就兩手空空地離開了。突然間，你從隸屬一個大家庭，變成自己單打獨鬥。沒有體會過這種經驗的人，請想像一下這不只是從工作崗位上退休，還是退出你的整個人生：你的房子、朋友，還有支持網絡全都沒了。

很多退役軍人會發現他們無法適應，最後開始酗酒，婚姻隨之破裂。有些人最後會流落街頭，這種生活非常煎熬。我是幸運兒之一，倫敦塔和渡鴉成了我的救贖。

我以前覺得老渡鴉大師們無時無刻都在談論鳥兒的事有點奇怪，他們似乎全心全意沉浸在這件事上，彷彿完全不在乎其他事情。但我現在懂了。渡鴉就是我的性命。如果你確實把工作

做好，這可是非常勞心費神的，要持續保持專注，時時警覺和留心。每天渡鴉都會到外頭，在民眾以及牠們的烏鴉同伴之中活動，為了大家好，你一定要保持警戒。你得有所準備。很不幸地，我們以前就發生過意外；有遊客傷害鳥兒們的案例，偶爾鳥兒們也會互相傷害。渡鴉是具有地盤性的生物，長久以來大家都知道牠們會為了爭奪地盤而搏鬥致死。舉個例子，根據倫敦塔的紀錄，在一九四六年五月三日，「由於另外兩隻渡鴉發動攻擊，渡鴉寶琳不幸身亡……牠從一九四〇年的七月十二日起便進駐倫敦塔，當時牠四歲。」

還有一個，一九五九年的十月十五日，「因倫敦塔的其他渡鴉發動攻擊，渡鴉崗恩重傷而亡。」

我可以很驕傲地說，在我的看顧之下，沒有渡鴉傷害過彼此——我想這是因為我仔細地觀察、安排和飼養。渡鴉是習慣性的生物，在日常生活起居中，即使是最微不足道的改變，都會使牠們產生壓力和心理層面的問題。有時候等我注意到渡鴉之間的糾紛時，都已經太遲了。就像我們許多人一樣，牠們傾向將病痛和委屈隱藏起來，我想這是一種自我保護機制。

我不是渡鴉社會制度的專家，但我看得出來牠們有複雜的社交生活，群體中會彼此不合、產生歧見，就跟我們人類一樣。其中一個透露出牠們之中產生壓力、疾病或問題的重要徵兆就是

體重會減輕，因此我每個月至少都會幫牠們量一次體重，而且會寫下詳細的紀錄。虛弱的渡鴉很快就會屈居弱勢，並且可能會有其他渡鴉來找麻煩。尤其是在年初、繁殖季節過了之後，渡鴉成鳥會在倫敦塔四周重新建立地盤位置，環境就會變得較為生氣勃勃。但這正是我喜愛照顧渡鴉的原因。我把這件事視為職責，確保牠們在倫敦塔能安然無恙——免受彼此和所有其他威脅的傷害。有時候一個倉卒的決定就可以拯救渡鴉的性命，以及保護民眾安全。其他狀況下，最重要的就是日復一日履行職責：專心致志地維護體制順利運作、保持良好狀態，讓渡鴉的世界照常運轉。

　　我離開陸軍時以為自己的軍旅生涯就這樣宣告結束了，但如今我認為那段時光只能算是在當學徒而已。

Chapter 17

Speaking in Ravenish
說　渡　鴉　語

　　沒錯，我會和渡鴉說話，牠們也的確會和我聊天。或者至少可以說，我會模仿牠們，而牠們也會模仿我。

　　我算不上是怪醫杜立德，但這些年下來，我想我已經發展出和牠們溝通的方法，似乎適用於我們大家。我總會跟牠們說「早安」和「晚安」。我白天的時候都會跟牠們聊天，用英語聊。我也學會了幾種渡鴉的呼叫和聲音，牠們好像會有所回應，雖然我不太知道是怎麼個回應法——鳥鳴和鳥類之間的溝通是非常複雜的，我無法假裝對那些事全盤了解。世人終其一生研究鳥鳴，而我只不過是親自實踐。

　　以下則是我確實知道的事。渡鴉的學名 *Corvus corax* 源自於希臘文的 korax，意思是「發出呱呱叫的動物或人」，但其實渡鴉的叫聲比一般人較熟悉的烏鴉叫聲更為低沉；烏鴉的叫聲聽起來像「哇——哇——」，而且還帶有一點短促的「噠噠噠噠」聲，

渡鴉的叫聲根本不是那樣。渡鴉的叫聲聽起來很沙啞,但如果你仔細聆聽,這種叫聲也非常響亮且具有威嚴。這叫聲的權威感在一般生活中或花園裡的烏鴉叫聲裡是聽不到的。又稱為「貝拉貝拉印地安人」(The Bella Bella Indians)的英屬哥倫比亞的原住民族海爾澤克族(the Heiltsuk),他們的文化就十分尊崇渡鴉,更形容「渡鴉的叫聲令人俯首稱臣」。就算不到服從,肯定也是一種吸引人傾聽的聲音。和烏鴉的叫聲相比,我會說那聲音比較像沙啞版的野雁叫聲,而不只是哇哇叫而已。我讀過許多研究,關於渡鴉叫聲的形容詞不一而足,有「噗嚕喀」、「喀嚕喀」、「闊喀」、「喀」、「喀爾喀」、「努喀」、「托喀」、「喀拉喀」、「呱叩叩」,不知道為什麼還有「嗡喀——嗡喀——」;但或許狄更斯對渡鴉叫聲的形容最為貼切,「活像是拔出八打、十打長軟木塞的聲音」。正是如此!就是拔出軟木塞的聲音,也許這就是為什麼我喜愛渡鴉叫聲的原因。有些最新研究顯示,渡鴉大約有八十種獨特的叫聲,隨著區域差異有不同方言和變化。我大概可以辨認出我們這兒的渡鴉大約十多種的叫聲。

學習我所說的基本「渡鴉語」,需要熟悉鳥叫聲的音調和長度。當然了,每隻鳥的叫聲聽起來都不同,不過幸好很多時候溝通的意圖都非常明顯:舉例來說,牠們常常出於防衛地盤而大聲叫喊,或是對群體挑釁叫囂。渡鴉也時常模仿其他鳥類

和各式各樣的聲音，汽車防盜警報器、道路交通號誌等等。在太平洋西北岸的原住民族——特林吉人（the Tlingit）、海達族人（the Haida）、欽西安人（the Tsimshian）、海爾澤克人（the Heiltsuk）、米沃克人（the Miwok）以及許多其他部族的故事及傳說中，渡鴉常常代表著一種騙徒的形象，為了欺騙他人，會以人類、動物和及無生命之物的形態現身。梅林娜為了得到牠想要的東西，確實學會模仿一些奇怪的聲音；牠早上固定的儀式之一就是發出烏鴉的叫聲，吸引牠們飛下來屋頂和樹上跟牠玩耍。牠還很擅長模仿海鷗，但依我看來，那只是為了煩死牠們。

若你鑽研鳥類解剖學的圖表和掃描照，就會知道牠們是如何發出驚人的聲響。牠們有結構複雜的內耳，還有稱為「鳴管」的發聲器，它彷彿是位在鳥兒咽喉深處的唇，由一組肌肉牽動，可以形塑由一個叫做「鳴腔」的振動膜所發出的聲音。〔記住，渡鴉是鳴禽鳥類——鳴禽、人類、鯨魚、海豚以及部分蝙蝠可以展現出「發聲學習」（vocal learning）的能力。〕但牠們為什麼要發出這些聲響又完全是另外一回事了。

務必記得，鳥類的溝通不只是發聲。就像我們一樣，牠們會結合聲音及姿態來表達己見。想想當我們在溝通時發出的所有那些小訊號，即使是在不自覺的時候。如果你想理解牠們發出的聲音，你就得學會讀懂鳥兒的肢體語言，就像學會讀懂人類的一

樣。例如，渡鴉幾乎把牠們的喙當作手指來用，向伴侶或其他附近的渡鴉指出食物來源。這有點像在學我們陸軍裡用的基本手勢：部署、止步、前進。透過觀察及詮釋渡鴉發出這些不同的徵兆及訊號，我可以辨認出憤怒、飢餓、恐懼、各式各樣的警告、壓力、焦慮和沮喪。渡鴉的叫聲會透露出各種基本需求——餵我、滾開、過來、幫幫我。我記得念書時，我們讀過許多關於鳥兒及鳥鳴的詩，雪萊寫過雲雀、濟慈和柯立芝寫過夜鶯，還有華茲渥斯和托馬斯・哈代等人，但老實說我覺得在那些詩中，鳥鳴的意義是見仁見智。我完全不記得曾經讀過關於渡鴉唱歌的詩，更別提渡鴉的肢體語言了。

　　而且也從來沒有人教過我，當我們在研讀鳥兒的同時，牠們可能也密切地在讀我們的心思。作家貝瑞・羅培茲（Barry Lopez）寫過一本關於渡鴉的書——《沙漠筆記：渡鴉眼中的倒影》（*Desert Notes: Reflections in the Eye of a Raven*）——這本書非常絕妙，他在書裡寫道：「如果你想更了解渡鴉，將自己埋進沙漠裡，這樣你就能俯瞰渡鴉所住的高聳玄武岩峭壁，只能讓眼睛露出來，不要眨眼，這個動作會讓渡鴉注意到你一直都在。」永遠要記得，當你在觀察渡鴉時，渡鴉也正密切地觀察你。

　　例如有時候我在閱兵場的另外一頭，梅林娜就會發現我，然後開始呼喚我，就連沒穿制服牠都能發現；或是我經過塔丘上的

售票亭時，牠也能認出我並開始呼喚，那售票亭還在倫敦塔的外面呢。我們會對彼此發出「吭顆、吭顆」的叫聲；牠會發出「吭顆、吭顆」的聲音叫我，而我也會回牠「吭顆、吭顆」。牠似乎覺得這聲音令牠感到安心。這就好像我們在說「嘿，要找我的話我就在這兒。」不過當有人發現我沒穿制服，又一邊發出敲擊聲一邊走下塔丘的時候，這就有點尷尬了。有些人會對我投以奇怪的表情。

我們完整的打招呼儀式是這樣的：首先，梅林娜會露出牠頭上的耳朵。（我知道你在想什麼：鳥兒哪來的耳朵呀？你得非常仔細地瞧，它們就在眼睛旁邊。）然後牠頭頂上的羽毛會稍微蓬起來，讓牠看起來一副就是頭髮吹壞的樣子。再來牠會低下頭，一邊發出溫和的喃喃聲一邊舒展開牠的肩膀，直到牠的翅膀在背後交疊為止；而我也會對牠鞠躬回禮，盡可能地模仿牠的動作，雖然我的頭頂上沒有羽毛會蓬起來，接著我會模仿「吭顆、吭顆」的聲音，我們輪流發出這種叫聲來展現我們的友誼，等我們都覺得無聊了才會停下來。

我只會用這種方式跟梅林娜溝通，因為牠在來倫敦塔之前就已經變得人性化了。我壓根兒不會和其他渡鴉維持這種關係。我和梅林娜的感情是絕無僅有的，我能理解為何大家對此感到十分著迷。我上傳我們相處的影片時，大家總是感到驚奇，我覺得很

高興，這對渡鴉來說很棒。我希望世人更加了解牠們，但就像我說過的，我不認為將渡鴉馴化為寵物是可行的。我對訓練渡鴉做出某些特定行為沒有興趣。除了梅林娜以外，我可能一年只會觸碰渡鴉們十幾次，進行投藥、量體重或修剪羽毛，我一直以來也都拒絕教牠們說人類的話。

關於學語渡鴉的記載至少可以追溯至奧古斯都大帝（Emperor Augustus）時期，在他擊敗馬克‧安東尼（Mark Antony）之後，一名帶著渡鴉的男子在羅馬迎接他，渡鴉讚頌著說道：「凱撒萬歲，勝利的指揮官！」（不得不說，這名男子顯然是個精明的傢伙，他也訓練另一隻鳥兒說「安東尼萬歲，勝利的指揮官。」他兩邊都押寶。）狄更斯在一八四一年的小說《巴納比‧拉吉》（*Barnaby Rudge*）中也寫過一隻會說話的渡鴉，他以自己的寵物渡鴉格利普為依據，之後會再多聊聊牠。「哎呀，哎呀，哎呀！」格利普尖聲叫著，「這是在幹什麼！打起精神，千萬別灰心。哇哇哇，我是淘氣鬼，我是淘氣鬼，我是淘氣鬼。好耶！」在安徒生著名的故事《冰雪女王》（The Snow Queen）中，有隻渡鴉則是幫助小吉爾達尋找她的玩伴小凱。「聽好了，」渡鴉說道，「你們的語言真的很難。」牠問吉爾達是否能換她說渡鴉語，吉爾達回道：「不行，我還沒有學會，但我的祖母聽得懂，她還會胡言亂語呢。」讓我告訴你，安徒生絕對不是笨蛋。

索爾（Thor）是倫敦塔最後一隻學會用英語嘎嘎叫出一些句子的渡鴉。牠可出名了；根據倫敦塔二〇〇三年六月二十六日的紀錄，其他地方的媒體也曾大肆報導，在俄羅斯總統普丁參訪倫敦塔期間，就在他登上白塔的階梯時，索爾快活地向他道了一句「早安」把普丁總統給逗笑了。這的確引人發噱，但不代表這是正確的事。這就好像小時候去看的馬戲團表演，你會看見大猩猩假裝在開下午茶會，或是狗兒盛裝打扮推著嬰兒車之類的把戲。鳥兒不是玩具，牠們並不是可供我們用自以為適合的方式操弄的物品。而且和會說話的渡鴉共事過之後──牠們尖叫起來就像鸚鵡──我可以告訴你，沒有什麼事比帶著一群學童在倫敦塔參觀時，突然有隻渡鴉跳上前來喊著：「滾開！滾開！」還要更尷尬了。近衛軍儀仗衛士並沒有總是教導渡鴉說出最有用或得體的句子。教渡鴉說出愛倫坡（Edgar Allan Poe）詩作《渡鴉》（The Raven）中的不朽名句──「永不復矣」（Nevermore）太平淡無奇了，肯定會遭到強烈抵制。

·── Chapter 18 ──·

Bird Brains
鳥 兒 的 腦 袋

　　我不教渡鴉們說人話或高聲尖叫，因為坦白說，牠們值得過更好的生活。渡鴉是很聰明的，真的很聰明。牠們小小的身軀中裝的可是巨大的腦袋。非常大。事實上，從靈長類動物學家轉換跑道變為鳥類學家，亦是被視為全球研究鳥類行為的最佳著作《鳥類大腦》（*Bird Brain*）的作者——奈森・杰・艾默利（Nathan J. Emery）就將渡鴉稱作是「有羽毛的猩猩」。此人的智力可不容小覷，更是你肯定會想認識的一號人物。渡鴉就是這麼聰明。相對於牠們的體型大小，渡鴉的大腦大概是世界上任何鳥類中最大的，只有鸚鵡能與之匹敵。〔瑞士的動物學家阿道夫・波特曼（Adolf Portmann）在一九四〇年代，曾對不同鳥類的大腦大小進行測量。真是驚人的研究計畫！〕

　　此外，渡鴉大腦的尺寸就和其神經元的密度同樣驚人。艾默利解釋說道，這是一種鳥兒的腦類解剖結構，讓牠們得以解決

先前可能從未遇過的問題。根據艾默利指出，鳥兒擁有四種心智屬性（mental attributes）：適應性、想像力、展望力（未雨綢繆）和因果推理。想像力曾被認為是人類獨有的特質，我特別喜歡想像力讓鳥兒能預期其行為之後果這個觀點。若你回溯至西元一世紀，第一位博物學大家、軍人及指揮官的老普林尼（Pliny the Elder）在其著作《自然史》（*Naturalis Historia (of Natural History)*）中，用一則故事舉證鳥類在這方面的智慧；該故事講述有隻被認為是渡鴉或烏鴉的鳥兒，想到可以將石頭投入水桶中以提升水平面，好讓牠能夠啜飲到水。這和伊索寓言《口渴的烏鴉》的故事是一樣的。老普林尼和伊索可能就是在描述倫敦塔的渡鴉，我無時無刻都會看到這種情況，天天如此。

　　我之前提過，霧尼是玩渡鴉抽抽樂的箇中高手，但那遊戲還只是開始而已。狡猾又聰明的梅林娜會為了獲得關注，躺在地上打滾還有玩裝死遊戲。牠喜歡和我玩躲貓貓。誠如我所說，牠特別擅長從不知情的遊客身上偷走食物和其他物品。某天牠不知怎麼地，竟然成功打開一包菸，把裡頭的二十支香菸全拉出來後，便立刻將它們全數銷毀。有了梅林娜誰還需要尼古丁口香糖呀！牠會搶走小朋友的零錢包，然後把他們的硬幣藏起來。牠曾經偷走一位小朋友的小泰迪熊玩偶，還把它的頭扯掉。那件事的結局可不太妙。就像所有其他鳥兒一樣，牠會藏匿食物，通常牠會挖

起一小塊草皮，把不需要的東西埋起來，這樣就可以留著晚點再回來吃。我常常觀察到渡鴉會看著同伴埋藏東西，稍後再上前偷走它，還會仔細把草皮堆埋回去以掩飾牠們的蹤跡。我也見過牠們引誘許多可憐的鴿子踏進致命陷阱裡。

　　突襲鴿子是渡鴉展現狡猾與智力的經典場面。如果你沒看過，這真的是令人嘆為觀止的景象。整段過程如下：渡鴉會先讓天真的鴿子漫步在白塔旁邊的草皮坡地，讓牠們誤以為非常安全。然後渡鴉會開始執行簡單的包夾戰術，正是我們擔任青年步兵時學的那一種；一隻渡鴉先登上坡地，將鴿群趕往另外一隻渡鴉的方向，另一隻渡鴉則躲在小溝裡，接著牠們便發動攻擊。兩隻渡鴉在幾分鐘內就能將鴿子殺死並生吞活剝。不久之前，正當我在進行導覽的時候，我聽見珠寶館的排隊人群中傳來一陣尖叫聲，我趕過去後看見艾琳和洛基正在吞食一隻鳥兒：牠們居然在鴿子還活著的時候，就將牠開腸剖肚吃了起來。真是個驚人的景象，雖然可能不適合所有人觀看。

　　觀察渡鴉許多年後，我想我已經對牠們的進食方法習以為常了。牠們的喙就像瑞士刀一樣，可以用來撿拾、剖開、搬運和探查。若你仔細瞧瞧，會發現上方的喙在尾端呈現非常微小的鈎狀，這使它成為更強大的武器。一般都會聽說野外的渡鴉會吃囓齒動物和雛鴨，我還知道美國的渡鴉特別愛吃阿氏沙龜（desert tortoise）的寶寶。我只能對我所見過的作出評論。舉例來說，當牠們在吃老鼠的時候通常會先將頭部移除，頭部當然是最營養的部分，你無法知道在野外或在綠地的偏僻區域能有多少時間吃一頓飯，真的就像在陸軍裡一樣。

　　鳥類認知的專家已經設計出各種測試和實驗，來衡量鳥兒的認知能力及行為，我可以很驕傲地說，我們倫敦塔的渡鴉已經協助進行過許許多多科學研究。專家間的共識似乎是，渡鴉可以執行各式各樣以往認為只有靈長類才能辦得到的任務。例如牠們能展現出使用工具的能力，利用啣在喙裡的樹枝或樹葉獲得牠們想要的東西。牠們擁有自己的語言，還有特定的啄食順序。全球許多知名且備受尊敬的學者，都已經出版過有關渡鴉在實驗室和野外時，展現出超群智力的報告。這些各式各樣的壯舉包含洗雪浴、做出上下顛倒飛行和桶滾（barrel rolls）等各種空中特技飛行、用物品將海鷗趕出牠們的鳥巢、用石頭來保衛鳥巢、用腳爪攜帶食物而不是用喙、搬運牠們的雛鳥、在半空中抓白鴿，還有令人難以置信的——攻擊馴鹿！

　　博物學者兼動物行為觀察家貝恩德・海因里希（Bernd Heinrich）終其一生都在觀察渡鴉。他在著作《渡鴉的心智》（*Mind of the Raven*）裡寫道，「如今和渡鴉保持親密關係生活許多年之後，我已經……見過我在科學文獻中，逾一萬四千筆關

於渡鴉的研究報告和文章裡頭沒見過的驚人行為，我從未幻想過這些行為竟是可能發生的……說到底，了解牠們腦袋所想的所有事情就像追求無窮一般，是個無法抵達的終點。」暢銷作家大衛・達曼（David Quammen）更認為，他所謂的「鴉科鳥類一族」充滿奇妙又古怪的行為，亟需由精神科醫師來詮釋而非鳥類學家。

我不是動物學家、鳥類學家或是精神科醫師，謝天謝地，但對我這個成年之後，耗費多年時間和渡鴉生活的業餘愛好者來說，我完全同意這個觀點：渡鴉異常聰明，我們永遠不會全盤了解牠們腦袋中在想些什麼。「Tha gliocas an ceann an fhitich」——這句蘇格蘭蓋爾語諺語的意思是「智慧現於渡鴉之腦」。我相信肯定是有的。我時常試著透過渡鴉的眼睛來看倫敦塔：陡峭又隱約浮現的一大片建築物就像懸崖，不間斷的嘈雜人聲則像苔原上嚎叫的風聲，那所有的一切都極有可能是玩伴，或掠食者無時無刻所帶來的威脅。我試著想像所有神經元在牠們聰明的小腦袋裡火力四射。雖然我不確定，但我猜牠們像我一樣待在這裡，部分原因是在這裡過得十分愉快。

●

我也常常對牠們的情緒感到好奇。牠們肯定是有記憶的能力。舉例來說，當卸任渡鴉大師德瑞克・柯爾在離開七年後重新

拜訪倫敦塔時，梅林娜立刻朝他飛奔而去，彷彿他從未離開過一樣。七年耶！肯定有某種明顯的原因可以解釋這個不凡的行為，德瑞克一定做了某些動作來吸引梅林娜靠近他。但這也讓我好奇牠是否能察覺到他已經離開的事實，而這對一隻鳥兒來說可能是什麼感覺。在我擔任渡鴉大師期間，我見過渡鴉展現歡樂、悲傷、痛苦和愉悅的情緒；我見過牠們運用因果法則來學習、記憶以及解決挑戰；我知道牠們有能力作出自我犧牲、付出關愛、表現騎士精神以及擁有極大勇氣。那麼，牠們擁有複雜的認知能力嗎？顯然是有的。牠們的能力極限究竟到哪？我仍在探索當中。

· —— · **Chapter 19** · —— ·

Ravenology
渡 鴉 學

　　我認為我在倫敦塔的角色主要是負責教育大眾，說來或許有些諷刺，因為我自己就沒受過什麼正規教育。這不是說我沒念過什麼好學校——在此致我在多佛的所有老師，您們的努力值得讚賞——但就像我之前說的，我到十四歲時就幾乎沒去上學了。我十幾歲在當童兵的時候，一個禮拜中有兩天下午還是得去學校，不過我們多數的課程是所謂的軍事研究，我們要學習冷戰還有俄羅斯第三突擊軍團（3rd Shock Army）的歷史，它隨時都可能攻擊西方世界。那陣子是我這一生唯一沒有逃學的時期。

　　然而，我不知怎麼地就是來到了這裡，來到倫敦中心的一座城堡，當我在休息時，或一大清早甚至是在深夜，只要一有空閒時刻，我喜歡沉浸在關於倫敦塔的歷史和導覽以及渡鴉相關的書籍之中。我成了一隻書蟲。我最喜歡的事，莫過於可以回到我在砲台中的小圖書館，爬梳一些和渡鴉有關、得耗費近一小時思索

的問題和疑慮。為何霧尼具有攻擊性？為何哈利斯會花時間待在綠地？梅林娜在模仿的是什麼新聲音？

　　近衛軍儀仗衛士位在砲台中的家有點像個小巢穴或兔窩；砲台的字面意思是強化火炮掩體，由防衛牆中深處的好幾間房間所組成，這些房間通常用來當作儲藏室或保險庫，武器也是從砲台裡開火的。如今這裡當然不會發射火炮了，我們的家也沒有用來存放武器。現在這麼做的話，可是會為倫敦塔帶來一些嚴重的健康和安全疑慮！老舊的火炮掩體或許非常適合當作老機槍手的家，但我可以很高興地說，我們位在外防禦牆西北角深處的家，是倫敦大都會中心裡一處安詳平靜的綠洲。而在這個舒適角落中的一隅，就是我的工作室和圖書館，我都把它當作是渡鴉總部，我的小巧鳥巢。

　　我非常幸運，因為有很多人都會寄渡鴉的圖片、照片和畫作給我。（我也會收到各式各樣的渡鴉幸運物、徽章、杯子、木雕、以渡鴉為靈感的衣物和日曆、《冰與火之歌：權力遊戲》裡的三眼渡鴉玩具，還有一些以渡鴉作為裝飾的美味蛋糕和甜點。）我把所有的畫作和圖片都收藏在這裡，一幀不漏，都可以開一間渡鴉藝術的畫廊了。也許哪天我真的會開。我有各種類型的作品，從小朋友的圖畫到大型油畫、拼貼畫和雕刻品都有，其中甚至有一、兩幅肖像畫的就是我和渡鴉們。雕刻藝術家提姆・蕭（Tim

Shaw）在過去兩年中，花了一些時間待在這裡和渡鴉相處，創作出一些由渡鴉所啟發的驚人作品。牠們就是這樣的鳥兒。牠們就是需要你的關注。

在藝術世界裡，渡鴉最經典的形象呈現在由老布勒哲爾（Pieter Bruegel the Elder）所繪的《死亡的勝利》（*The Triumph of Death*）。隨著馬匹拖車前進，有隻渡鴉棲息在死神的馬身上，沿途碾碎了輪底下的屍體。這並不是一個令人歡欣的畫面。就在他死後不久，以描繪但丁（Dante）和米爾頓（Milton）之作品最為出名的法國插畫家、版畫家及雕刻家古斯塔夫・多雷（Gustave Doré），為愛倫坡（Edgar Allan Poe）的詩作《渡鴉》（The Raven）特別版創作了一系列的雕刻作品。那些作品也同樣令人感到不安。而當盧里德（Lou Reed）發行一張重新演繹愛倫坡詩作的專輯時，他和義大利藝術家羅倫佐・馬托諦（Lorenzo Mattotti）聯合創作了一本附帶的漫畫小說，風格也非常怪誕。這些年來，我已經盡我所能平衡這種情況，我花大量時間拍攝渡鴉，再分享到網路上，展示渡鴉錯綜複雜的樣貌及其之美。

但在所有我見過的渡鴉形象之中，若你想看看一些真正讓人讚嘆的渡鴉藝術，我會建議你瞧瞧日本攝影師深瀨昌久（Masahisa Fukase）的作品。他的攝影集《鴉》（*The Solitude of Ravens*）裡頭只收錄渡鴉的黑白照片。深瀨昌久運用驚人的攝影

技巧，拍攝出十分模糊陰暗又斑駁的圖像，近似用炭筆描繪的作品，我認為它們幾乎完全捕捉到了渡鴉莊嚴和神祕的真實意象。

（若你想知道的話，沒錯，我的確有渡鴉的刺青。但我不會展示給你看的。我也對刺青師感到非常著迷，他們的技巧、想像力，還有對細節的專注。我只能說，我的其中一個刺青是將渡鴉描繪成魔術師，身旁環繞著在綠地遭斬首之人的頭顱；另一個刺青則是一隻戴著小禮帽、叼著菸斗的渡鴉，一種英國紳士的形象。若你想費心弄個刺青的話，乾脆就弄個招搖一點的吧。我不喜歡低調的刺青，這樣有什麼意義呢？）

當我沒和渡鴉在一起時，我都在這裡閱讀關於牠們的資料。身為渡鴉大師，我長久以來都在蒐羅世界上關於渡鴉的傳說和故事。我有書籍、檔案、渡鴉相關剪報的集冊、文章複印本、前任渡鴉大師留下的筆記，來自鳥類學家、動物行為科學家和全球渡鴉研究人員的信件。我這個業餘人士在研究鳥類學上所付出的努力，已經稱得上是雜食鳥類了，還鑽研鳥相學（ornithomancy）、鳥媒（ornithophily）等等所有鳥類相關的事呢。北美、南美、亞洲、歐洲、非洲都有關於渡鴉的故事及傳說，渡鴉也存在於羅馬、希臘、凱爾特、古埃及、北美及斯堪地那維亞的神話裡。世界上關於我所謂「渡鴉學」的書籍和文章，多到任何人用一輩子時間可能都看不完。但在我看來，能統合所有這些故事的一個共

同特點，就是渡鴉自相矛盾的本性——某種意義上來說，這可是海雀或夜鶯完全沒有的特質。（倫敦塔的渡鴉又比多數渡鴉更加矛盾：牠們住在一座宮殿裡，受人類僕人侍奉，拜託喔！）渡鴉與邪惡掛鉤的程度，和與良善為伍的程度不相上下。牠們是厄運的預兆，卻也是創造者和保護者。其本性就是帶有雙重特質，或許這就是為什麼歷來許多文化都對渡鴉的形象著迷不已：牠們既能行善也能作惡，牠們讓我們想起自己。

關於渡鴉的傳說和故事既美麗又奇異。我在外頭觀察梅林娜和其他渡鴉時，常常想起那些故事。渡鴉常被視為是上帝或其他諸神的代理人或信差。聖經中，有替先知以利亞（Elijah）送上麵包和肉的渡鴉；在西藏文化裡，渡鴉和烏鴉被視為是最高力量的使者；而在太平洋西北岸海達印地安人的神話中，渡鴉用石頭和樹葉造了世界和人類；另外，在其他太平洋西北岸的特林吉族文化裡頭，戴上渡鴉和烏鴉的頭飾就能前往冥府，帶回人的靈魂。還有，諾亞派遣渡鴉去尋找土地，就像《吉爾伽美什史詩》（Epic of Gilgamesh）裡頭寫的一樣。［這個精彩的故事講述烏特納比西丁（Utnapishtim）和妻子逃過大洪災後，派出一隻鴿子看看水退了沒有，接著又派出燕子做相同的事，最後終於派出一隻渡鴉，而牠再也沒有回來，烏特納比西丁因此知道他和一家人將得救。］根據弗羅基傳奇（Saga of Flóki），弗羅基從船上放

出了三隻渡鴉，第一隻從未歸來，第二隻回到船上，而第三隻則飛向西方，弗羅基跟隨在後，維京人因而發現冰島。古斯堪地那維亞神祇奧丁（Odin）擁有一對渡鴉，一隻叫做福金（Hugin，在古諾斯語中的意思是「思想」），另一隻叫做霧尼（在古諾斯語中的意思是「記憶」，這名字非常適合我們家霧尼，牠從未忘記過牠不喜歡我。）奧丁每天都會派出兩隻渡鴉查看世間動靜，牠們則會向祂回報，彷彿是奧丁的祕密警察。

這些全都是很精彩的故事。

但最貼近我心的渡鴉傳說，當然是倫敦塔渡鴉的故事。這個故事已經被傳頌和記載過很多次了，但我想講述者都不是在職的渡鴉大師。這個故事就像世上任何一個偉大的渡鴉傳說一樣奇異又令人困惑。

接下來就是我對倫敦塔渡鴉傳說之詮釋。

·——· **Chapter 20** ·——·

The Legend of the Ravens at the Tower
倫 敦 塔 渡 鴉 之 傳 說

　　據說查理二世（Charles II）在重登王位之後，曾經拜訪倫敦塔檢驗一棟新建築。當時，一位叫做約翰・佛蘭斯蒂德（John Flamsteed）的年輕天文學家，正在使用白塔頂端圓形尖塔房裡的一間房間觀察星象和月相，但他發現築巢的渡鴉阻擋到他的視線，干擾他工作。佛蘭斯蒂德便問查理二世，他是否能把那些惹人厭的渡鴉給弄走。身為一個還算不錯的國王，查理二世很快就答應了，直到有人指出，那些渡鴉一直以來都待在倫敦塔，而且是倫敦和君主制的重要象徵，因此把牠們弄走看起來會是個壞兆頭。查理二世警覺到倫敦市和君主制近期確實才剛經歷一點厄運，父親查理一世已經被斬首，一六六五年倫敦爆發了可怕的瘟疫，接著一六六六年又有一場倫敦大火，於是他隨即頒布了一條皇室命令，下令不會驅逐那些渡鴉，並且至少要讓六隻渡鴉永久留在倫敦塔。若渡鴉離開，大英帝國將隨之瓦解。

我和其他近衛軍儀仗衛士都會向遊客講述這個絕妙的故事。這個故事在書籍和文章裡反覆出現，是很精彩、傳神，也是很重要的故事，更是我們國家文化遺產的一部分。但我在渡鴉總部做了多年的研究，透過倫敦塔圖書館裡這些驚人資源以及我自己的檔案的幫助下，再加上諮詢過專家，我長久以來尋尋覓覓，卻發現在十九世紀末之前，完全沒有任何關於倫敦塔渡鴉傳說的記載。我再說一次，在十九世紀末之前，完全沒有任何關於倫敦塔渡鴉傳說的記載。什麼都沒寫，沒看到，隻字未提，一聲呱呱叫都沒有。完全沒有關於查理二世和其法令的記載。沒寫到佛蘭斯蒂德和惹人厭的渡鴉。更沒有什麼若渡鴉離開倫敦塔，大英帝國就會隨之毀滅的相關文字。

　　其實查理二世根本沒有頒布皇室命令來保護渡鴉，但他在一六七五年時，確實頒布過一條皇室授權令提供約翰‧佛蘭斯蒂德資金在格林威治設立一座像樣的天文台，他後來也成了第一位皇家天文學家。皇家天文台的設立宗旨是「校正天體運動的星表及恆星的位置，以期訂定正確的經度，使導航藝術更臻完美」──因此那些惹人厭的渡鴉，的確可能在英國天文和導航的發展史中參與了一小部分演出，只不過惱人至極到逼得佛蘭斯蒂德還得搬到格林威治才能遠離牠們！

　　不僅沒有證據顯示渡鴉在十九世紀末前，在倫敦塔歷史中

佔有重要地位，在那之前，也幾乎沒有任何歷史紀錄提及倫敦塔的渡鴉。來瞧瞧 W・J・羅夫蒂（W.J. Loftie）於一八八八年發行的再版——古老的《倫敦塔官方授權導覽》（*Authorized Guide to the Tower of London*），曾提到渡鴉嗎？沒有，隻字未提。再看看曾經風靡一時且具權威性的《女王陛下的倫敦塔》（*Her Majesty's Tower*），最初在一八六九年出版，由威廉・赫普沃斯・狄克森（William Hepworth Dixon）所著的那份呢？沒寫。就連威廉・班納姆（William Benham）在一九〇六年出版的《倫敦塔》（*The Tower of London*），也絲毫未提到非凡的渡鴉。最早提到渡鴉的官方倫敦塔導覽，是直到一九五〇年才出版、由 E・H・卡基特・詹姆士（E. H. Carkeet-James）上校所著的《國王陛下的倫敦塔》（*His Majesty's Tower of London*），就連在當時，渡鴉普遍都還被視為是惱人的動物。上校寫道：「牠們不受倫敦塔居民的歡迎，牠們破壞草皮、看見花兒也忍不住要摧毀，還會挖出窗戶上的油灰，以及鎖鏈聖彼得皇室禮拜堂裡菱形鉛條窗的鉛。很少有汽車能逃過牠們的掠奪，並且對女用絲襪有著奇怪的迷戀。」

從我自己的研究還有不同的歷史學家與學者的文獻中，我最早所能追溯到關於倫敦塔渡鴉的第一份重要記載要到一八八三年才出現，那是七月十四日出現在《世界畫報》（*Pictorial World*）

上的一篇文章，還附帶了一張插畫——看起來肯定就是一隻渡鴉站在鎖鏈聖彼得禮拜堂的入口旁，而且就靠近綠地上紀念處刑的牌匾。就在同一年，還有一本童書《倫敦城》（*London Town*），由菲利克斯·李（Felix Leigh）所著、湯瑪斯·克雷恩（Thomas Crane）和艾倫·霍頓（Ellen Houghton）描繪插畫，此書以詩歌方式，講述一名叫做布魯的小女孩和父母遊覽倫敦的故事。書中有張插畫，描繪布魯和父母正在倫敦塔中觀察一位站在波尚塔外的小女孩，她表情驚恐地看著兩隻渡鴉依偎著一位近衛軍儀仗衛士。插畫旁的文字，似乎就是關於倫敦塔渡鴉第一份重要的記載。

在所有遊客最不想參訪的倫敦城景觀之中，
倫敦塔名列第一，你會發現布魯卻深受其聲望吸引。

這個知名景點讓布魯小姐好驚訝，有些漂亮的老渡鴉在這裡昂首闊步。
只要看過這個畫面，下回再見你肯定知道這是渡鴉。

看顧此處的紅袍衛兵叫做牛肉食客，真想不到！
布魯靠近一看發現，他身旁有個孩子又矮又胖，

「爸爸媽媽，快來呀。」布魯愉快地喊著，笑聲活潑有朝氣，**「你們帶我見識了古怪稀奇，讓我帶你們瞧瞧牛肉食客的寶寶！」**

　　布魯一家的故事之後，關於倫敦塔渡鴉的記載開始急速增加，儼然掀起一陣渡鴉風潮！在一八九八年出版的《倫敦之鳥》（*Birds in London*）中，W・H・哈德森（W. H. Hudson）寫道：「過去許多年以來，倫敦塔通常都養著二或三隻渡鴉。」渡鴉的傳說就此展開。

　　你可以發現，渡鴉傳說在陸軍少將喬治・楊赫斯本爵士（Sir George Younghusband）的作品中，在你眼前蓬勃發展。他隸屬領導軍團（Guides Cavalry），是一位令人敬畏的軍人，曾參與第二次英阿戰爭（Second Afghan War）、馬赫迪戰爭（Mahdist War）、第三次英緬戰爭（Third Burmese War）、第二次波耳戰爭（Second Boer War）、第一次世界大戰（First World War），並且於一九一七年獲派擔任倫敦塔珠寶館館長。在他的著作《塔內見聞》（The Tower from Within）裡頭，楊赫斯本爵士寫下了關於倫敦塔生活、歷史及傳統的全面指南，正如二十一世紀初大眾所了解的一樣。楊赫斯本寫道：

具歷史意義的倫敦塔渡鴉大概都會出現在古代斷頭台地點附近，或是靜靜坐在附近的長椅之上。毫無疑問地，當樹林逐漸靠近護城河生長時，古老倫敦塔的砲塔成了渡鴉築巢養育後代的理想地點。但隨著城市逐漸擴張、樹林消退改種糧草，渡鴉就不再去牠們的老地方築巢育幼了。因此從那時候起，牠們就得被外面來的新血取代。目前的渡鴉們是由鄧拉文勳爵（Lord Dunraven）贈送給倫敦塔的，其中有一隻年紀相當大。若那些先祖曾在倫敦塔受苦的人，在老渡鴉相繼死去後由其家族送來繼任的渡鴉，將會非常具有歷史意義，藉此維護一項非常古老的傳統，將它妥善延續下去。

　　楊赫斯本當時說的所謂「非常古老的傳統」應該不會超過三、四十年，但儘管如此，幾年之後，一九二四年他又出版另一本關於倫敦塔的書籍——《倫敦塔簡史》（*A Short History of the Tower of London*），書中對倫敦塔古老的渡鴉傳統這個主題加以詳述：「或在綠地上漫步，或棲息在白塔階梯之上，你可能會看見幾隻渡鴉，三或四隻，偶爾會有五隻。這些就是倫敦塔的渡鴉，近衛軍儀仗衛士也差不多是如此。牠們的起源或許已經消失在迷霧般的古代之中，但或許是當倫敦塔仍是孤單聳立於田地和樹林中的巨岩時，渡鴉就在塔內高聳的砲塔中築巢了。一位歷史

學家提到，安妮‧博林皇后遭處決時，渡鴉們正凝視著這個場景。或許是在渡鴉們不再於倫敦塔這個嘈雜的環境中築巢之後，塔內建了一部分的珍禽異獸園，由英格蘭國王出資，作為君主們的其中一項嗜好。不論來源地是何處，牠們如今都受到駐衛兵的照護，正式入伍（和士兵一樣擁有軍人證），每天還會收到值班近衛軍儀仗衛士配發的生肉口糧和其他美食……。整整一章都能寫滿關於倫敦塔渡鴉的冒險、大逃亡和軼事，而這些故事都能向遊客所遇見的任何一位親切的近衛軍儀仗衛士收集而來，但可惜現在已經沒有讓近衛軍儀仗衛士發揮的空間了。」

　　我們軍中有一句話：「扛起沙包我就跟你說個故事。」此時此刻，我建議你乖乖照做。扛起沙包，我這位親切的近衛軍儀仗衛士就會告訴你我對倫敦塔渡鴉之歷史的詮釋。

　　以我個人來說，我絲毫不懷疑渡鴉老早就出現在這裡了。好幾個世紀以來，白塔都是倫敦內最高的建築，加上史密斯菲爾德市場又在附近，為數可觀的垃圾和腐肉無論如何都會往泰晤士河下游流動，倫敦塔正好是渡鴉聚集築巢的最佳地點。一六〇四年至一六〇五年間冬季，華特‧萊利爵士正囚禁於血腥塔，他寫了一封信給第一代克蘭伯恩子爵（1st Viscount Cranborne）羅伯特‧賽索（Robert Cecil）；他在信中懇求這位子爵朋友，「請務必

為我保留屍塊，別讓在這個時節依然尚存的渡鴉啃食，牠們什麼東西都吃。」可憐的華特爵士在寫信的當天顯然過得很慘，但好消息是後來他撐過了囚禁在倫敦塔的日子，於一六一七年獲得國王特赦，並獲准出發尋找黃金國（El Dorado）；然而，他在一六一八年時，卻還是在西敏寺的舊宮院（Old Palace Yard）被斬首了！總之呢，他請求羅伯特・賽索保全他的遺體免受渡鴉啃食的這件事，顯示當時在倫敦塔內和周遭確實有渡鴉出沒。

我們可以確信的是，渡鴉一直要到一八〇〇年代晚期才變成倫敦塔出名又引人注目的特色。也許這只是因為遍布全國其他地區的渡鴉數量已然銳減，都被當作害鳥趕盡殺絕了，因此倫敦塔中僅存的幾隻渡鴉就成了值得拿來說嘴的話題，但我認為不僅僅是如此。我認為發展過程是這樣的：以下是關於「倫敦塔渡鴉之傳說如何創生」未經驗證的斯卡夫理論，是依據多年來的研究和在倫敦塔的工作經驗所推敲得出，你也可以將它稱為近衛軍儀仗衛士理論。此理論不僅根基於對渡鴉本性和行為的了解，還有對人類本性和行為的認知。近衛軍儀仗衛士理論，即正是近衛軍儀仗衛士為了自身利益，親自發明了倫敦塔渡鴉的傳說。

想像一下那個畫面。

當時是一八八〇年代，倫敦塔才剛敞開大門開放給愈來愈多的民眾參觀，對下層階級的人民開放，讓付費遊客目睹這塊土地

上最惡名昭彰的牢籠和堡壘，聽聞其殺戮、處決和酷刑的駭人歷史。

現在你也在這些人之中，不管你是上層或下層階級，無所謂，你滿心期待地等著倫敦塔古老的木門開啟，然後會有牛肉食客導遊來接待你。木門緩緩打開了，在使用了將近一千年後嘎吱作響；大門後面出現了一位老頭，他倚著變形的木製手杖，身穿綴著猩紅色布料和織帶又髒兮兮的深藍色制服，胸前別著一、兩枚奇怪的勳章，頭上戴著一頂古怪的帽子，角度俏皮，身上還有一股混合琴酒和陳舊菸草的濃烈氣味。

「給我一先令，你就能進門，」他咆嘯著，「我將告訴你我們不可告人的黑暗祕密。」你遞出銅板，他塞進口袋後轉過身，蹣跚走回倫敦塔，「跟我來，」他大吼，「快跟上！」

於是你穿越大門跟在他背後，他開始講述關於倫敦塔歷史的恐怖故事，正當你抵達叛國者之門時，他停下了腳步，轉過身來，「你敢再向裡邊前進嗎？」

你點點頭，既害怕又期待，他搓搓手指，「這樣的話……還要再給我一、兩枚銅板。」他面露凶光。

就是這樣，你愈深入倫敦塔，他的口袋就裝進愈多你辛苦賺來的錢。直到最後，你終於來到綠地上的斷頭台架設地點，古代的近衛軍儀仗衛士宣稱真的在這裡見過安妮・博林的亡魂！還聽

過兩位小王子可憐的啜泣聲，他們就是在血腥塔深處慘遭殺害！遭處決的英格蘭女王們低下頭顱、冰冷刀緣落在她們精細的脖子上時，他自己也感到不寒而慄！最後他再得意洋洋地指出，渡鴉提醒著我們黑暗的過去，是逝者的靈魂，而且正是在綠地上的斷頭台遭到斬首之人的靈魂！「見證渡鴉！自古以來就在此盤據！自安妮·博林遭斬首後便不願離去！」

真是強化故事的好方法！將倫敦塔的生命故事撰述地栩栩如生，這麼多精彩內容只要修修幾隻渡鴉的羽毛、偶爾餵餵牠們食物碎屑就能塑造，這樣又多收一便士啦，先生！

說夠我這些荒誕的假說了，回到現實吧，還有清理工作該做。任何有人類或動物的地方，永遠都有清理工作該做。

Chapter 21

Blood Swept Lands and Seas of Red
血 染 大 地 與 紅 海

　　若你在裝備檢查的前一晚去世界上任何一個陸軍基地,你會發現士兵們都神經兮兮地在清理、修東西和上油漆。我們以前會把所有東西都漆上我們軍團的代表色,黃色和寶藍色。太恐怖了。石頭、樹幹,所有東西。基本上,只要那東西會動,或是就算它不會動,我們都會把它拿去清洗或上油漆,或是又洗又漆。大家都希望自己的單位優秀整潔,有閃亮的靴子、新燙好的制服、所有工具整齊排列,更重要的是,正是這種紀律可以在戰場上救你一命。務必確保所有東西正常運作且乾淨可用,而你也知道它的原理和使用方法,不斷反覆練習直到無法再練習為止,接著再反覆練習到真的再也不能練習,不斷重複,最終就能讓習慣變成本能。保持乾淨整潔的基本紀律,和傳統基本的清理擦洗工作也會灌輸你見微知著的藝術;一個好的士兵永遠都會注意到某些東西有所改變、格格不入或是出了差錯。這些就是某天或許能

救你一命的技巧。

　　所以我向渡鴉大師德瑞克‧柯爾所學到的第一件事情就不奇怪了，那就是清理籠子的重要性。德瑞克的作風很傳統，只要和照護渡鴉有關的事情都要盡善盡美，我也盡己所能去維持相同的標準。現在我大約每個月會在圈地進行一次大清掃，消毒整個環境，沖洗耙刷礫石堆，確實清除每一塊藏匿起來的食物碎屑，檢查鐵絲或木材有無破損，幫活動零件上油，巡視棲木和暗箱。我每天也都會執行簡單的例行打掃勤務。所有東西都準備就緒了嗎？所有東西都各就各位了嗎？所有東西都整齊有序嗎？一年三百六十五天，天天執行一樣的例行公事。事實上，我認為擔任渡鴉大師最主要的責任就是必須持之以恆、準時，還要有點堅持完美主義。

　　但儘管必要的例行公事千篇一律，倫敦塔當然也是有些特別的日子──這些特殊慶典、活動和典禮非常難得，讓你永生難忘。

　　對我來說，其中一個難忘的特別日子就是二〇一四年八月十六日。

　　你大概聽說過倫敦塔陶瓷罌粟花的故事。為了紀念第一次世界大戰屆滿百週年，歷史皇家宮殿委託藝術家保羅‧康明斯（Paul Cummins） 以及湯姆‧派珀（Tom Piper）創作一項藝術

作品。他們發想出以陶瓷罌粟花打造一片壯觀花海，整整八十八萬八千兩百四十六朵，緬懷英國和大英國協在一戰中死亡的士兵。在全球數千名志工的幫助之下，其中也包括我女兒，大家從七月十七日英國參戰起的一百一十七天內，至十一月十一日，在倫敦塔的護城河中種下這些陶瓷罌粟花，每一朵都象徵陣亡的士兵。這是英國國內最大規模的布置工作，作品名稱是《血染大地與紅海》（*Blood Swept Lands and Seas of Red*）。如果你還沒見過，一定要去找來看看，場面實在非常驚人。布置罌粟花本身就是一項龐大的任務，需要策劃團隊積極協調，和歷史皇家宮殿全體職員以及倫敦塔居民的努力。這個策劃團隊是由當時的倫敦塔總督約翰・布朗（John Brown），還有我現在的近衛軍中士——近衛軍儀仗衛士及皇家維多利亞勳章受勳人吉姆・當肯（Jim Duncan）所帶領。簡直就是一場軍事行動了。

這項了不起的藝術作品成了吸引遊客前來致敬的重要景點。大家都來獻上花束並把照片綁在欄杆上，人潮日以繼夜地湧入。我記得太太和我偶爾早上起床時，還會聽見久候群眾看見泛光燈打上罌粟花時的歡呼聲。我從來沒聽過類似的景況。而且透過我們位在砲台家中的狹窄縫隙，可以看見罌粟花閃耀著鮮豔的紅色，讓倫敦塔沐浴在美麗又懾人的光芒之中，十分夢幻。對我們這些住在倫敦塔的人來說，《血染大地與紅海》支配著我們的生

活。有時候我們甚至不能離開倫敦塔，因為聚集在外頭的人潮實在太龐大了。

在這個紀念活動中，民眾必須提出在戰時陣亡的家庭成員，每到了黃昏時刻，近衛軍儀仗衛士會走進罌粟花海朗誦一百八十個名字，接著會便會響起傳統號角軍樂《最後崗位》（Last Post）的樂聲。

二〇一四年八月十六日，星期六，輪到我朗誦名字。

我演練了一整天，下定決心要把每一個名字都唸得非常正確，我不想讓任何一個陣亡士兵和他們的家人失望。

●

黃昏時刻，我穿著制服，胸前別了一排令我自豪的勳章，沿著蜿蜒曲折的通道走入陶瓷罌粟花海，群眾鴉雀無聲，就如往常一樣。

我拿出姓名清單，戴上老花眼鏡，好讓我在陰影中看清楚他們的名字，然後抬頭看了看群眾；我深吸一口氣，霎那間，我想起了自己的軍旅生涯，還有那些早我一步先走的同袍。

我想起在受訓期間，最後一次操練結束後開車回軍營的畫面。我們當時坐著老舊的陸軍巴士，所有武器都放在後頭，有步槍、機槍和戰防武器；一輛卡車朝我們高速撞來，我面向車尾坐著，卡車司機身受重傷。我們試著拿急救敷料包紮他的傷口，實

踐我們剛學會不久的急救技巧。我們舉行結業會操的那天,很多人不是坐著輪椅就是拿著拐杖,這時我才意識到,我們的軍人身分已經不是兒戲了。

· ●

我記得當我們結束訓練,終於加入軍團時的樣子。我成了女王師(Queen's Division)的一員,該師由女王團(Queen's Regiment)、皇家砲兵團(Royal Artillery)還有皇家燧發槍兵團(Royal Regiment of Fusiliers)組成,真是令人驕傲的一刻。我原本隸屬女王團第三營,直到一九九二年,我們和皇家罕普夏軍團(Royal Hampshire Regiment)合併後,大家就都成了威爾斯王妃皇家軍團(Princess of Wales's Royal Regiment),號稱「黛家保鑣」(Di's Guys),以威爾斯王妃黛安娜命名的。我見過王妃幾次,她是我們的軍團團長,一位可人的女士。她過世的那天,我才剛被派駐到北約克郡卡特里克的步兵訓練中心擔任鼓樂隊指揮,我記得抵達時聽到這個消息後,我們所有人都頹喪地坐了下來,不可置信地盯著電視。

我記得第一次跟隨軍團派駐的地點,德國下薩克森州(Lower Saxony)的巴特法靈博斯特爾(Bad Fallingbostel),當時我十八歲。我們是一個機械化步兵營,因此我們作為步兵時,花了很多時間在德國國內和周邊的陸軍運兵車裡進行操練,作為

169

樂隊鼓手時則都是在啤酒節演奏。那時的我很年輕，正享受著新生活，結交新朋友，其中有許多人在整整三十五年後和我都還是摯友。當時正值冷戰時期，而德國宛如我們的遊樂場。

　　但幾乎就在我們抵達德國的營隊基地時，我們便開始執行所謂的北愛爾蘭方案：在長達兩週的訓練課程中，我們要學習鎮暴訓練和街道巡邏，為部署北愛爾蘭做準備；接著我們就被派駐當地了，實在讓人有點震驚。

　　一九八〇年代初期的北愛爾蘭局勢非常糟糕。我們飛到奧德格羅夫（Aldergrove）後，在四十八小時之內，我就在裝甲荒原路華的頂棚中，在安德森鎮（Andersonstown）遭到汽油彈轟炸。記得我當時心想：「我到底來這裡做什麼？」在貝爾法斯特（Belfast）的那前四個月完全是震撼教育。我隸屬一個四人的街道巡邏隊，我們幾個傢伙都來自倫敦和南英格蘭，對北愛爾蘭的局勢一點頭緒都沒有，但還是盡力履行我們的職責，許多人都只有十八或十九歲，而我們這營第一次出勤就交戰了十一次。日子非常艱辛，也很危險。我們開著小豬（經典的老裝甲運兵車）上街巡邏時非常不受歡迎，我們到處尋找土製炸彈、挨家挨戶搜查、下散兵壕、盯哨，還要「報檢」。聽起來很蠢，但「報檢」是最困難的一項任務，也就是向民眾要報紙。畢竟我們都只是青少年，卻到處刺探別人的隱私，打探他們的生活，想當然耳，不

是所有人都對我們的要求有善意回應。

　　還有一些死裡逃生的時刻，狙擊手、子彈、炸彈。我記得某天在警察局吃早餐的時候，一顆手榴彈翻過牆壁炸了過來，炸彈碎片就在我面前擊中餐桌。這和我還是小伙子時，在自家後院扮演士兵可差得遠了。結婚時，我和太太一起住在北愛爾蘭的基地，她那時二十一歲，我二十二歲，其實都還只是孩子而已。兩個英國年輕人遠離了舒適圈，我得老實說，當時可不是英國士兵住在北愛爾蘭基地的好時機。我們遇過一些狠毒的狀況，威脅、恫嚇還有一堆炸彈，畢竟恐怖主義就是這麼搞的，我們只能試著繼續生活。

　　我們也是有過好時光的。記得有次我在特夫洛奇（Turf Lodge）的時候，一位小女孩上前來跟我說：「嘿，先生，我媽媽每晚都為你禱告哦。」還有一次，就在佛爾斯路（Falls Road）旁，一群老太太邀請我們去喝杯茶、吃蛋糕，她們仁慈得不得了。就是這些善舉會讓你肯定自己所做的事是值得的，讓你意識到每個微小的示意和言詞都很重要。

　　軍旅生活非常奇特，但我一點都不想錯過。在軍中你得和同袍一起合作、共同生活，一同哀悼和歡慶，陸軍就是我的家人。

　　我看著清單開始朗誦了起來。

　　我在罌粟花海中所站立朗誦的位置，正是一百年前，倫敦市

第一批志願軍開始召集的地點，就在倫敦塔周邊的街道；僅短短幾天之內，就有一千六百名年輕人紛紛加入，組成了外號「證券交易營」（Stock Exchange Battalion）的皇家燧發槍團第十營（10th Battalion, Royal Fusiliers）。他們許多人都在西部戰線（Western Front）陣亡了。

朗誦的同時，我想起所有奉獻自己性命，讓我們現在得以享受自由的那些義士。唸完一百八十個名字和其隸屬的軍團需要一時半刻，但朗誦在第一次世界大戰中，不幸陣亡的英國和大英國協共八十八萬八千二百四十六名士兵之名字和其軍團，則要花上好幾週的時間。

·

「他們不會如倖存者我等漸漸衰老，不受年齡催促，亦不遭時光淘汰，日落晨起，常留我等心中。」我大聲朗誦羅倫斯・賓揚（Laurence Binyon）的緬懷之詩，響起《最後崗位》的樂聲時，我還得盡力忍住不讓眼淚流下。「歇息吧，士兵，你的任務已經完成。」我轉過身，穿越罌粟花海踏上歸途。

不用懷疑，能參與如此意義深遠的紀念活動是我一生中最驕傲的時刻。

我很高興能和梅林娜分享這個經驗。

在一個艷陽高照的上午，輪班的志工們正在護城河中植下

罌粟花，梅林娜決定飛出倫敦塔外，瞧瞧這些騷動到底是怎麼回事。

「克里斯，有人看見梅林娜出現在塔外靠近票亭的地方。」無線電傳來這句話，

「收到，我去看看。」我回覆說道。

我們接到好幾起通報說看見我們的渡鴉出現在倫敦塔之外，通常是歷史皇家宮殿的工作人員在上下班途中發現的，或是一些擔心且謹慎的民眾，他們都知道倫敦塔渡鴉若是離開倫敦塔，大英帝國就會隨之崩解的傳說。幸好多數的通報都只是虛驚一場，那些渡鴉原來只是烏鴉。

但這一起通報卻一點也不假，一名機警的民眾發現梅林娜確實離開了倫敦塔。如果牠離開綠地上的安全領域，一般來說是因為牠受到了其中一隻較強勢的渡鴉威脅，通常我會發現牠棲息在倫敦塔碼頭（Tower Wharf）的柵欄上，看著小船往來泰晤士河。倫敦塔碼頭曾經是用來裝卸儲藏物、彈藥進出倫敦塔的區域，也是供達官顯要和貴賓使用的河濱入口，而在市政廳或西敏寺受審完畢的可憐人，也會被帶來這裡的叛國者之門（Traitors' Gate）準備囚禁或行刑。如今那裡已經是一條鋪著鵝卵石子的宜人步道，適合在那兒喝喝咖啡、拍張倫敦塔橋的照片。

然而，今天梅林娜卻不在碼頭上。牠跑去看《血染大地

與紅海》的那片罌粟花海了。我朝著正門入口走去，經過中塔（Middle Tower）和長長一排出示門票、正進行安檢準備進入倫敦塔的遊客。我走上塔丘的小斜坡，許多倒楣的囚犯都要從倫敦塔走上這一條短短的旅程，前往公開處刑的地點。

想在倫敦塔外頭找到任性的渡鴉並不難；牠們常常會吸引人群聚集，拿著相機和手機不斷對牠們拍照，嘰嘰喳喳地討論著，大家都想知道為何這麼特別的大黑鳥，正若無其事地坐在某條長椅或圍欄上理毛，或是跑去吃垃圾桶裡的薯片。所以我跟著人群移動，馬上就找到了梅林娜，牠棲息在一道老舊的鐵柵欄上俯視護城河，對著下方忙著種植罌粟花的志工們嘎嘎大叫。

要在眾目睽睽之下捕捉渡鴉有點棘手，最好是要盡量避免這種事，因為這任務不只需要冷靜的腦袋並且保持沉穩，還需要一點好運。我對任何陷入這種困境的人的首要建議就是，務必保持冷靜，假裝自己能全權掌控局勢，雖然肯定不是這麼一回事，不管你願不願意，你馬上就會成為 YouTube 上的明星了。如果你是個矮胖的中年男子，戴著一頂寬沿帽，穿著寶藍色和猩紅色的洋裝——這叫罩袍啦，各位，我的老天呀！——而你正試著捕捉一隻渡鴉，我幾乎可以向你保證你肯定會被拍照、錄影、直播，放上各種你能想到的社群平台。準備好，你馬上要爆紅了。

我的第二個建議，就是一定要慢慢來，慢慢來！自在地走

向搗蛋的渡鴉。千萬不要移動或疏散人群，他們是你靠近時最完美的掩護，當你穩步走上前時，記得向大家保證你知道自己在幹嘛。

　　梅林娜顯然在外頭玩得很開心，一定不想被抓回綠地。再一個建議：絕對別幻想你能直接靠近渡鴉，光靠深情凝視著牠深棕色的明亮雙眼，就能讓牠「高抬貴爪」把牠抓下來，夾在你強壯的臂彎裡帶牠回家。渡鴉救援不是這麼做的。你得奸詐一點，偷偷摸摸地，手腳一定要快。你得假裝對牠沒興趣，只是剛好在附近，然後以眼鏡蛇突襲的驚人速度，在牠最出其不易的時候捉下牠。各位觀眾，這就是如何捉拿一隻惡棍渡鴉的方法！

　　我將梅林娜緊緊捉住，我能聽見群眾們嘰嘰喳喳討論的聲音，有人讚賞、有人不認同，還有人不敢置信。我帶著梅林娜返回綠地的路上，絲毫沒有責怪牠逃跑的念頭，其實我很高興牠看見了罌粟花海。就像我們一樣，牠也有很多祖先都在戰場上過生活，因此在這個紀念故人的時刻，牠跑去那裡也是合情合理，都是一種生命的循環。

　渡鴉大師──我與倫敦塔的渡鴉　│　**Chapter 21**

·——· **Chapter 22** ·——·

My Mistress' Eyes are Raven Black
我 情 人 的 眼 睛 是 渡 鴉 黑

　　由於我是個老軍人了，我猜你會預期我聊戰爭時會比聊起愛情更加起勁。我們倫敦塔絕對是有很多戰爭故事可以說的，還有許多死亡、英勇壯舉和悲劇的傳說。一七四三年，三名黑衛士兵團（Black Watch）的士兵遭指控是叛變的主謀，黎明時在綠地上遭到射殺。一三八一年農民起義（Peasants' Revolt）時，暴動的農民包圍了倫敦塔。二次世界大戰期間，倫敦塔遭到強力炸藥直接命中轟炸十五次，二十三人因而身亡。

　　但倫敦塔歷史中，關於愛情的部分其實和戰爭是一樣多的：安妮・博林和凱瑟琳・霍華德被指控通姦而遭到斬首；後來成為伊莉莎白女王的公主，和她的一生摯愛羅伯特・達德利（Robert Dudley）同時被囚禁在倫敦塔；凱薩琳・格雷（Katherine Grey）因偷偷和愛德華・西摩（Edward Seymour）結婚，也被關進倫敦塔。

我自己從來就不是女人緣很好的傢伙。我還在念書時交過幾個女朋友，但我一加入陸軍之後情況就不同了。我那時非常專注於我的工作和事業，並沒有打算結婚，直到我遇見了願意成為我妻子的女人——我們倆是一見鍾情。就和任何事情一樣，愛情有時就是會突然出現，擊中你的心房。對渡鴉來說也是相同的。

大家都知道渡鴉是一夫一妻制，終其一生只會有一個伴侶；然而，根據我的觀察，當其中一隻渡鴉死亡之後，未亡的那隻渡鴉時常會立刻搭上別隻渡鴉。多數的倫敦塔渡鴉都會和伴侶培養出堅強的羈絆和依戀。牠們不是以伴侶的關係成雙，就是以朋友的關係成對，公鳥配上公鳥、母鳥配上母鳥，藉此尋求保護和陪伴。我們的渡鴉愛侶們白天時會一起消磨時光，睡覺時會挨著彼此，還會不斷和對方聊天及互相理毛。牠們甚至可能會攻擊別對愛侶，打獵時當然也是出雙入對。而一如往常地，梅林娜就是個例外。

梅林娜曾經允許另一隻叫做福金（Hugine）的母渡鴉和牠一起度過好幾年時光。牠們並不是伴侶——牠們沒有像公鳥和母鳥般地為彼此理毛——但梅林娜似乎很享受，或至少說能忍受福金的陪伴，除了會和牠聊天之外，偶爾還會和牠分享食物。梅林娜彷彿在說：「聽著，我不希望你靠太近，但若你剛好在附近的話我倒是不介意。」不幸的是，二〇一六年時福金突然過世了，原

因不明，但可能是因為牠吃到了某種不合適的東西。對渡鴉大師來說，這可是帶來了非常大的挑戰。福金一死，梅林娜就立刻來保護牠的屍體，完全不讓任何人靠近把屍體撿起來。牠在附近來回踱步，不斷回頭來啄福金的臉，彷彿是試著想叫醒牠，這畫面看了真令人心痛。在接下來的日子裡，牠常常離開在綠地周圍熟悉的地盤，這舉動完全不像牠會做的事，還會轉過身將屁股對著民眾，就連我靠近時也會對我這麼做。牠開始無精打采地把頭垂得低低的，彷彿陷入了哀悼或絕望的情緒，最後我只得介入處理，因為牠絕食了。我將牠和其他渡鴉安置在新的圈地，希望打破牠循環的沮喪期，還有讓牠別閒著沒事做。有好幾個禮拜我都花上大量時間陪伴牠，最後牠總算恢復正常，回到綠地進行日常的活動。我讀過關於渡鴉會哀悼的資料，但親眼見證真的會令人感到驚奇。

・

　其實，這幾乎跟霧尼愛上一隻猴子的那一次同樣令人意想不到。

　二○一○年時，倫敦塔安放了超過十二尊由藝術家肯德拉・哈斯特（Kendra Haste）所創作的動物雕像，用來頌揚皇室珍禽異獸園的歷史。這些雕像是由鍍鋅鋼絲製成，代表著過去六百年以來將倫敦塔當作家園的各種動物：有好幾隻獅子、一隻全尺寸

的北極熊、一顆大象的頭、一群坐在牆上守衛著珠寶館出口的狒狒。

「克里斯，你去那上頭看過嗎？」有天珠寶館的管理員如此問我，一邊指著磚塔的屋頂，「我想你的其中一隻渡鴉已經愛上我們的猴子了。」

「噢，不會吧。」我嘆息著說道。

霧尼當時的伴侶才剛失蹤不久，而牠在悲痛之下，似乎迷戀上了那隻猴子。牠待在磚塔的屋頂上，坐在了無生氣的猴子旁邊整整三天三夜之後，才終於飛下來和前任渡鴉大師洛基·史東以及我這個毫無頭緒的助理玩捉迷藏。我們追捕了霧尼好幾個小時，爬上爬下，潛入每個倫敦塔的陰暗處，最後才追上牠，牠正快樂地跳過打上泛光燈的護城河。我們立刻將牠逮捕，主要是因為牠在失去伴侶後較顯弱勢，必須保護牠不被其他可能已經發現這件事的渡鴉試圖強行支配牠，但坦白說，也是為了懲罰牠如此搗蛋！

當然了，我們一將牠放開後，牠又直接飛回那隻該死的猴子身邊。接下來的幾個月，牠每天都會飛上工作梯，就為了依偎在它身旁，嘎嘎地叫出一段意味深長的單向對話。牠還會用喙輕叩那隻猴子，彷彿在說：「嘿！我在這裡，快跟我說話呀，我很寂寞。」我常好奇猴子不回話的時候，牠可能都在想些什麼。我們

一而再，再而三地爬上磚塔，鼓勵牠在其他渡鴉之中再尋伴侶，但根本沒有用，牠每天都會回到那隻猴子身邊，完全著迷了。

　　最後，牠終於厭倦了對著沉默的金屬猴子說話，生活又恢復正常，但如果你來拜訪倫敦塔，不妨撥點時間前往北面城牆，在進入磚塔前停下腳步，駐足一會兒往上看，你就會看到那隻金屬猴子——你可能會思忖片刻關於愛與失去的奧祕哦。

·———· Chapter 23 ·———·

Birds and Books
鳥 兒 與 書

　　當我沒有忙著和真正的渡鴉鬥嘴時，我喜歡惡補一些重要的「渡鴉管理學」，還有和任何對渡鴉有興趣的記者、攝影師、藝術家以及劇組人員碰面。聽起來很光鮮亮麗嗎？你再想想。渡鴉是我行我素的動物，而且牠們也不是來這裡娛樂我們的。

　　記得有次在一個溫暖的晚上，我們要在綠地上和大衛·艾登堡爵士（Sir David Attenborough）一起為一部叫做《奇妙大自然》（*Natural Curiosities*）的紀錄片拍攝一組鏡頭。大衛爵士當時正在介紹鴉科鳥類使用工具的情況，我記得他坐在長椅上，導演詢問拍攝這組鏡頭時，能否讓一隻渡鴉來坐在他身旁。一如往常地，我總得解釋倫敦塔的渡鴉完全未經馴化並且一點都不順從，但我們還是盡力嘗試看看。我們試著引誘一隻渡鴉下來坐，我們試了又試，試了又試，但是呢，唉，沒有渡鴉願意入鏡和大衛爵

士一同坐在長椅上。

　　所以幾週以後，這位可憐的大哥和劇組必須回來重拍一遍。這一次，我們總算讓大衛爵士和一隻渡鴉一同入鏡，而我之所以出名正是因為我也入鏡了。導演說我是目前為止，他們所共事過最優秀的無聲近衛軍儀仗衛士臨演了。

　　偉大的貝恩德・海因里希在《冬季渡鴉》（*Ravens in Winter*）寫道，「關於渡鴉的文章大概已經比任何鳥類來得更多了。」依據前來這裡拜訪的記者和作家數量來看，他可能說對了。隨著我記錄下自己的經驗，我當然有意識到，我不過是在鳥類書籍這片廣大的書海中貢獻一點點心力。現在有關於鷹的書、關於雪雁的書、關於紅隼的書；傑拉爾德・曼利・霍普金斯（Gerard Manley Hopkins）寫過茶隼，葉慈（W. B. Yeats）寫過《柯爾莊園的野天鵝》（The Wild Swans At Coole），華勒斯・史蒂文斯（Wallace Stevens）寫過烏鶇，濟慈（John Keats）寫過《夜鶯頌》（Ode to a Nightingale）。作家們似乎頗能認同杜鵑、貓頭鷹、鸚鵡、天鵝和信天翁等等鳥類，隨你舉例。

　　鳥兒在我們生活中明顯具有重要的象徵功用。我不想變得好像精神分析師一樣，但也許在書寫我們倫敦塔渡鴉的時候，我下意識地用了自己的形象書寫牠們，也把牠們的形象拿來描述自己。我們都遇過這種狀況，當我們以為是在描述這個世界，但其

實我們是在描述自己。

　　然而，我最討厭的，莫過於對渡鴉單調平面的描述。碰巧就在塔丘附近出生長大的英國詩人艾德蒙·史賓塞（Edmund Spenser），寫過一首超級無敵長的詩《仙后》（The Faerie Queene），詩作中將渡鴉形容為「捎來沉重消息的可恨使者／傳達死亡和悲痛的噩耗」這在我看來，差不多是總結了整體英國文學對渡鴉極為有限的評價。（史賓賽可能已經見過倫敦塔的渡鴉了嗎？中世紀及文藝復興時期文學的教授們，請務必告訴我。）當然了，莎士比亞也寫過非常多渡鴉，但他往往也是都把牠們用來作為死亡、垂死和末日的凶兆。在《馬克白》（Macbeth）中，馬克白夫人說道：「那渡鴉的叫聲如此嘶啞／預告著鄧肯就要走進我這堡門前來送死。」

　　《凱撒大帝》（Julius Caesar）裡頭，當卡西烏斯料想自己將戰敗時則是說著：「渡鴉、烏鴉和鳶在我們的頭上盤旋，向下俯視著我們，彷彿我們是奄奄一息的獵物。」都是諸如此類的描述。

　　感謝老天，這種乏味的形容也有例外情況。愛爾蘭作家尚恩·歐凱西（Seán O'Casey）的描述比較接近真實渡鴉以及一般的鴉科鳥類，他在《綠烏鴉》（The Green Crow）一書中寫下：「在牠那身墨黑色斗篷底下，鴉科鳥兒其實是個快樂的小傢伙。」確

實不錯，歐凱西先生。

　　有些作家是非常熱衷於鴉科鳥類的愛好者。我在任職期間，已經在倫敦塔招待過為數不少的這類作家，他們基於某種原因開始研究渡鴉，而他們對鳥兒的知識和迷戀總讓我感到非常驚訝。喬治·馬汀（George R. R. Martin）就是這樣的作家。當我帶他參觀倫敦塔時，他非常想盡可能多花時間和渡鴉相處，但我們家渡鴉和《權力遊戲》（Game of Thrones）裡的渡鴉的相似之處完全是純屬巧合。特別是我們的渡鴉並沒有三隻眼睛，因為很多來倫敦塔的遊客都會問這件事，我也從來沒看過哪隻渡鴉是長這樣的，牠們也不會傳遞消息。

　　許多作家都養了鴉科鳥類當作寵物尋求陪伴。拜倫勳爵（Lord Byron）養了一隻馴化的烏鴉，但平心而論，他還養了好幾隻狗、猴子、孔雀、母雞、一隻老鷹和一隻熊。詩人約翰·克萊爾（John Clare）養了一隻渡鴉，美國作家杜魯門·卡波蒂（Truman Capote）也是，他的渡鴉叫做蘿拉（Lola）。卡波蒂在一九六五年首度出版的一篇散文中對蘿拉有鉅細靡遺的描述，他號稱蘿拉會把不同的物品藏匿在書架上全套珍·奧斯汀作品集（The Complete Jane Austen）的後方，包括「失竊的假牙、搞丟已久的車子鑰匙、大量紙鈔、老舊信件、我最高級的袖扣、許多橡皮圈、好幾碼長的細繩」，以及「我已經停筆的某篇短篇故事

的第一頁，因為我找不到第一頁。」這些舉止在我聽來都覺得不太可能，因為我們倫敦塔的渡鴉頂多是藏匿小鼠、大鼠的肉屑，但卡波蒂先生顯然是個文采極高之人，還養了一隻文采極高的渡鴉。要麼確實如此，不然就是他隨意杜撰的。

但倫敦作家查爾斯・狄更斯（Charles Dickens）養的渡鴉當然是最出名的一隻。狄更斯在他的小說裡提過幾次倫敦塔，在《老古玩店》（*The Old Curiosity Shop*）中，奎爾普一家人就住在塔丘上；《塊肉餘生錄》（David Copperfield）裡的大衛・科波菲爾帶著忠實的僕人裴果提（Peggotty）來倫敦塔參觀；而在《遠大前程》（*Great Expectations*）裡頭，皮普（Pip）和郝伯特（Herbert）划船載著馬格維奇（Magwitch）經過倫敦塔，雖然這段泰晤士河之旅注定失敗。我要承認我對狄更斯作品廣泛的認知就到此為止了，但說起渡鴉，我可以斬釘截鐵地說，狄更斯真的非常了解他的鳥兒。

大家都知道關於狄更斯的渡鴉的故事。一八四一年一月，這位大文豪寫信給一位朋友，內容中提到了他正在創作的新小說。狄更斯寫道，他計劃讓書中主角「身邊隨時都有一隻寵物渡鴉陪伴，而且這隻渡鴉遠比主角自己還要絕頂聰明，為此，我這陣子以來都在研究我的鳥兒，我應該能以牠寫出非常奇特的角色。」

狄更斯確實在他的第五本小說《巴納比・拉吉》（*Barnaby*

Rudge）中，以自己的寵物渡鴉創造出一個非常奇特的角色；該小說的故事背景設定在一七八〇年主張反天主教的戈登暴亂（Gordon Riots），與書同名的故事主人翁養了一隻名為格利普的渡鴉，無論他走到哪裡，格利普都會跟著他。（我們倫敦塔這兒都是叫成「葛利普」，原因不太清楚，我猜可能是筆誤的關係。）

　　我的觀點可能有點偏頗，但在我看來，狄更斯之所以能被視為天才，不是因為他非常多產，也不是因為他是出名的表演者或是他偉大的善行義舉，而是因為他對渡鴉的細節描述都極為精確！

　　他對格利普嗓音的形容是這樣的，「既沙啞又隱約，彷彿是從厚厚的羽毛中傳來，而不是嘴巴。」渡鴉的叫聲就是從那兒傳出來的沒錯呀。還有他對格利普步態的描述，也正是現在我們葛利普走路的方式！為什麼狄更斯可以寫得如此準確，而其他作家卻總是寫錯，或僅僅是把渡鴉當作象徵呢？

　　因為他和渡鴉共同生活，這就是原因。他會觀察牠們，和牠們一起消磨時光。就像他在《巴納比・拉吉》的序言中所說，「故事裡的渡鴉，是結合了兩隻不同時期的真實渡鴉之產物，而我正是自豪的主人。」學者認為，狄更斯一生中其實養了三或四隻渡鴉；第一隻渡鴉格利普喜歡啃咬狄更斯家小孩的腳踝，因此被禁

止進入家裡，放逐在外。可惜的是，就在狄更斯寫信提到要把渡鴉放進小說裡的幾週之後，格利普因為吃到一些含鉛的油漆而過世了。

狄更斯又養了兩隻新的鳥兒取代格利普：有第二隻也叫做格利普的渡鴉，還有一隻老鷹。根據狄更斯的長女瑪彌所說，第二隻格利普調皮又放肆，最終也被第三隻格利普所取代，而這第三隻格利普，甚至強勢到就連家裡的馬士提夫獒犬都允許牠一起同碗共食。

真正展現出狄更斯對第一隻格利普的愛的衡量標準，就是他將格利普填塞起來做標本，並且錶框放在桌上。（其實呢，狄更斯有把過世寵物填塞成標本的習慣。例如他的貓鮑伯去世後，他還把牠其中一隻腳爪做成拆信刀。）狄更斯在一八七○年去世之後，他的財產被拿來拍賣，格利普的標本最後輾轉到了美國，現在可以在費城的自由圖書館（Free Library）裡看到它。雖然我們倫敦塔自己其實也有一尊精美的渡鴉標本，但去費城看格利普也是我答應自己有天一定要踏上的冒險之一。我們在女王之家的地面層中設有一座小型的私人博物館，未開放大眾參觀，但那裡面有一尊十分帥氣的渡鴉標本備受矚目，它就棲息在一根棲木上，裝在精雕的木盒裡。盒子上的一塊牌匾寫著：「黑傑克，死於已故倫敦塔總管——威靈頓公爵閣下（Duke of Wellington）在

一八五二年葬禮上嚇人的加農砲聲。」有些人認為，黑傑克本身曾是狄更斯的其中一隻寵物鳥兒，但我沒有看過確切證據。我確定的是，有幾隻倫敦塔渡鴉都是為了紀念狄更斯的渡鴉而命名，例如我們現在的葛利普，更早之前，還有一隻跟葛利普同名的渡鴉於二戰期間居住在倫敦塔，牠和牠的伴侶梅珀爾，還有另一隻叫寶琳的渡鴉是唯三倖存於納粹空軍轟炸倫敦塔的渡鴉；唉，不過呢，根據倫敦塔紀錄記載，逃過戰爭之後，寶琳卻被梅珀爾和葛利普殺了，實在是倫敦塔中的悲劇。

當然了，狄更斯的格利普所帶來的影響，可不僅止於為我們的渡鴉命名。狄更斯身屬名流之輩，有一點像現代會牽著沙皮狗和法國鬥牛犬的那種名人，就是他幫忙創造出這種潮流的。多虧了狄更斯和格利普，渡鴉變得很時髦；也許這就是近衛軍儀仗衛士在一八八〇年代，想到要引進幾隻馴化渡鴉進駐倫敦塔的原因？所有鴉科鳥類專家以及專門研究狄更斯作品的人士們，我這個想法應該會是頗具成果的研究領域喔。

若狄更斯是讓英國人迷上渡鴉的始作俑者，就如他該為發明了現代聖誕節的概念負責一樣，那麼埃德加・愛倫・坡（Edgar Allan Poe）則是讓渡鴉在美國聲名大噪的推手。

愛倫坡的詩作《渡鴉》（The Raven）在一八四五年發行初版時，造成了不小的轟動；根據他的其中一位傳記作者寫道，這

首詩是「世界上最受歡迎的抒情詩」。此詩的確聞名全球，甚至曾出現在某一集的《辛普森家庭》（*The Simpsons*）裡，還真是確立了它的正典地位呢。

有意思的是，愛倫坡正是透過狄更斯發想出他自己的渡鴉。一八四一年，愛倫坡當時居住在費城，並且是《葛拉翰雜誌》（*Graham's Lady's and Gentleman's Magazine*）的編輯，狄更斯的小說《巴納比‧拉吉》就是連載於此本雜誌。愛倫坡對該部小說讚譽有加，稱讚格利普這個角色極為逗趣；事實上，狄更斯於一八四二年造訪美國的那半年間，他也親自和狄更斯碰了面。我還未能找到任何愛倫坡確實虧欠狄更斯的格利普和《巴納比‧拉吉》的直接證據，但多數研究愛倫坡的學者似乎都同意他是受到該小說啟發，進而創作出他自己舉世聞名的說話渡鴉，說出詩句「從前一個沉鬱的午夜」，此詩描述的是一名學生正思念著已逝愛人勒諾爾的故事。在愛倫坡的詩作中，這名學生聽到窗外傳來敲擊聲，他打開窗後，一隻渡鴉進入了他的房間，棲息在帕拉斯的半身像上；當這名渡鴉被學生問道「告訴我你在黑暗冥府彼岸的尊姓大名！」，渡鴉卻高深莫測地答曰：「永不復矣」，而且還用這個答案回答學生所有的提問，在與渡鴉的對話中，這位悲戚的愛人開始愈來愈絕望。我能背誦整首詩嗎？當然沒問題！我教渡鴉們說「永不復矣」了嗎？當然沒有。

愛倫坡在《創作哲學》（The Philosophy of Composition）書中的一篇評論裡，解釋了他創作這首詩的邏輯依據：「如今我已經構思出一隻渡鴉，這隻代表著不祥之兆的鳥兒，在詩中每一節結尾單調地重複『永不復矣』，這首詩基調陰鬱，並且長約百行，那麼，為了不忽視追求極致完美的目標，我自問『在所有陰鬱的主題中，人類普遍認為哪一種最為憂鬱？』死亡是最明顯的答案。我又自問，「那麼又是在何時，死亡這憂鬱的話題最具詩意呢？」根據我已闡述一定篇幅的內容來看，此處的答案也顯而易見，『即當死亡與美結合緊密之際，因此毫無疑問地，美人之死是世上最具詩意的主題，而最適合訴說此主題的便是剛痛失美人的愛侶，這點也是一樣無庸置疑。」

　　以上種種，無可避免地帶領我們進入關於渡鴉和死亡的憂鬱話題。

·——· Chapter 24 ·——·

Death and the Raven

死 亡 與 渡 鴉

　　有些人對渡鴉懷抱著病態的迷戀，我可以理解箇中原因。歷來牠們都與死亡、末日，以及所有約翰・彌爾頓（John Milton）這位詩人所說和「黑暗的渡鴉」有關的事物相關聯。你大概知道，用來形容一群渡鴉的集合名詞（collective nouns）包括「unkindness」（不仁之意）和「conspiracy」（共謀之意）。以前人類是獵人的時候，渡鴉曾是我們的好夥伴——牠們會和我們一起尋找食物，有食物的地方就有牠們，因此打從人類文化的開端，渡鴉就和獵殺息息相關。那麼，我這輩子花這麼多時間和渡鴉相處，在牠們身邊還感到十分自在應該就不是巧合了，牠們天生就是軍人的盟友。羅馬歷史學家李維（Livy）說過關於瓦萊里烏斯（Marcus Valerius）對抗高盧巨人的故事，這是真正的大衛與歌利亞（David and Goliath），所謂小蝦米對上大鯨魚的故事；故事中，有隻渡鴉幫助了勇敢的瓦萊里烏斯，也就是後來的瓦萊

里烏斯 · 科爾烏斯（Valerius Corvus）。根據古老的波斯拜火教（Zoroastrianism）信仰，據說渡鴉是掌管戰爭與勝利之神烏魯斯拉格納（Verethragna）的化身，而在收錄中世紀古代不列顛人故事的威爾斯散文故事集《馬比諾吉昂》（Mabinogion）裡頭，也有個故事是關於酋長亞瑟及歐文互相抗衡，歐文身旁有魔法渡鴉軍隊的故事。當然了，維京人首領還會帶著渡鴉戰旗上戰場呢。對了，我想斯卡夫是一個維京人人名，克里斯·科爾烏斯·斯卡夫，你覺得如何？聽起來挺響亮的吧？

　　勇敢、無情、驍勇善戰，生來還自備武器——那鋒利如斧或剃刀的喙。渡鴉可是出了名地喜歡跟隨軍人投身沙場，以期能在戰場上飽食一頓。記住，牠們可是雜食性動物，真的是任何東西都吃。雷吉諾·波斯沃斯·史密斯（Reginald Bosworth Smith）在《鳥類的生活與傳說》（*Bird Life and Bird Lore*）中寫了一段令人難忘的文字：「渡鴉的飲食喜好橫跨蠕蟲到鯨魚，但牠們特別愛吃腐肉，包括人類的腐肉。」（不列顛的行刑地點常常被稱做「渡鴉岩」，史密斯菲爾德市場附近就有一處，我都會去那個市場買肉給鳥兒們吃。）享用人肉的名聲很快就和會吞噬靈魂的惡名搭上了，人們曾經流傳渡鴉會坐在亡者或垂死之人的屋頂上，等待靈魂從煙囪中冒出來時，牠們就能將之吞噬。說起來，我花這麼多時間餵食牠們還真是諷刺，因為牠們更常以我們為食！

有鑑於渡鴉和死亡及苦難之間的關聯，那麼牠們成為講述倫敦塔悲劇故事時十分重要的環節也就不令人意外了，包括在這裡最後一次行刑的故事。

　　一九四一年一月三十一日晚間，一名叫做尤瑟夫・雅各布斯（Josef Jakobs）的男子，從一架德國飛機上跳傘降落至亨丁頓郡（Huntingdonshire）鄉間寒冷靜謐的藍夕哈洛小鎮。不幸的是，他在落地時摔斷了腳踝。他意識到自己無法繼續完成任務，便拿起手槍朝空中開了兩槍希望能引起注意，他成功了。兩名農夫外出遛狗時發現了他並且報警，接著就發現雅各布斯先生有一台無線電、好幾張地圖、大量現金、還有一本他原本打算銷毀的碼簿。他在一九四一年八月初接受審判，罪名很簡單：「叛國罪，在一九四一年一月三十一日晚間至一九四一年二月一日間，跳傘降落亨丁頓郡企圖協助敵軍。」他隨即因身為納粹間諜而遭到定罪，遭行刑隊判處死刑。死刑執行令傳到了倫敦塔總管的手裡：

最高機密
致：女王陛下的宮殿與城堡倫敦塔總管
一九四一年八月十三日

閣下，

本人特此通知，敵僑尤瑟夫・雅各布斯因違反《1940 年謀反叛國法》被判有罪，處以死刑槍決。

為執行處刑，該敵僑已移交蘇格蘭衛隊後送收容營，訂於一九四一年八月十五日週五上午七點十五分，於女王陛下的宮殿與城堡倫敦塔行刑。

倫敦軍區陸軍中將，
伯特倫・N・瑟吉森布魯克爵士

根據傳說，就在這名死刑犯被送往砲台中距離我家幾碼遠的行刑場赴死之前，一隻渡鴉從綠地跳了下來，對著一幫行刑人嘎嘎大叫。有一名官員盡力驅趕渡鴉，但徒勞無功。雅各布斯當時被蒙上了雙眼，接著官員就向行刑隊打了無聲的信號。直到屍體被移至倫敦塔的停屍間後，那隻渡鴉才回到綠地上的同伴身邊。

有各式各樣的故事，都在講述倫敦塔渡鴉對即將來臨的死亡或災害有著不可思議的預感。最近才剛有一位倫敦塔的居民告訴我，他出門替盆栽澆水的時候，梅林娜就棲息在他屋外的一根柱子上，並且不斷對著他嘎嘎叫，牠以前可是從來沒有做過這種事。他很好奇梅林娜是不是知道他最近病得非常嚴重。

有關死亡、末日和渡鴉的故事是一回事，但渡鴉之死的故事呢，又是完全另外一回事了，而且更難撰述。在我開始講故事，以及你對我加以批判之前，我該告訴你，人類為鳥兒感到悲慟是很常見的，就像我們會為了其他任何動物哀悼一樣。像是莫札特就養了一隻椋鳥，是他一七八四年在維也納一間店舖以三十四克勒澤購買的。他將牠取名為星星，這隻鳥兒會唱他的《G大調第十七號鋼琴協奏曲》的終曲開場。星星死後，莫札特為牠辦了一場像樣的葬禮，還為牠寫了一首輓歌。我不是莫札特，但就像所有的渡鴉大師一樣，我非常了解失去鳥兒是什麼感覺。

　　渡鴉索爾在一九九五年十一月被送來倫敦塔的時候已經四歲半了，已然進入成鳥階段，通常我們會給新來的渡鴉一點時間安頓，再將牠們放出去在地面上漫步，因此索爾在醫療籠裡被關了一個月來適應周邊環境和噪音，還有最重要的——其他渡鴉。在被送來倫敦塔之前，牠顯然就已經「人性化」了，並且習於和人類互動。牠很會學人類講話，還喜歡親切地向每個人道早安，把遊客和工作人員逗得樂不可支。牠真是一隻非常友善的鳥兒。索爾也是在普丁正式訪問時，停在白塔的木梯上用低沉嗓音跟普丁說「早安」的那隻鳥兒。索爾會向所有人打招呼。

　　索爾定居下來以後，牠最喜歡做的事就是在綠地上打發時間，偶爾會和其他渡鴉互動一下，但通常都是自己獨處。牠原本

完全不想尋覓伴侶，直到一個舒適的秋日上午，有人發現牠和霧尼有了親密接觸。首先，霧尼展開尾羽，接著羽毛也豎了起來，牠低下頭，進行傳統的渡鴉求偶儀式。牠發出母渡鴉在求偶時的特殊敲擊聲，然後天雷勾動地火！索爾已經落入霧尼的掌控之中了，任牠擺布。索爾立刻臣服於霧尼的求愛，兩隻鳥成了一對愛侶，對彼此呱呱叫了一整天，還相互理毛。簡直是「一啄鍾情」。

當時我是渡鴉大師洛基・史東的助手，有天輪到我值勤，要叫渡鴉們起床、餵食，放牠們出去翱翔。我可以跟你說確切日期，是二〇一〇年二月六日星期六，一切都十分平常。

我清楚記得，索爾和霧尼一整天都在探索剛安裝在白塔西側的鷹架。工人在鷹架基座放上大木板，防止鳥兒們進入，這些木板被漆成灰色，和周圍的石牆融為一體。而別處的柱子則是綁上了細網，防止渡鴉穿越縫隙爬上鷹架。至少原本是如此設想的，但現實中這些措施根本沒有用。我已經發現渡鴉找到許多進出的路線了，一般人根本無法想像一隻鳥兒居然可以找出這些途徑。牠們是脫逃大師，肯定可以在特種部隊的訓練課程上表現得非常好。如果渡鴉想落跑，牠一定能找到出路的。

當我發現霧尼和索爾消失於我的渡鴉雷達上時，我已經在崗位上值勤快一整天了，即使我看不見牠們，但我不知怎麼地就有

種預感，覺得牠們已經不在應該待著的地方。即使在以前，我就已經養成了無時無刻想著鳥兒們的習慣。牠們在哪裡？牠們想做什麼？牠們吃了什麼？牠們可能受傷了嗎？牠們還好嗎？當有人問我身為渡鴉大師是什麼感覺時，我偶爾會說，就好像帶著七個小朋友去逛超市，結果他們全都朝著不同方向一哄而散衝進走道裡一樣。你必須全程保持警覺，蓄勢待發，你得培養出第六感。

倫敦塔準備要關門了，因此我決定等關門後再好好搜尋一番。等到所有群眾都離開後再找會比較容易，值班主管和他手下的近衛軍儀仗衛士在一天結束時，將遊客引導離開的速度會快得讓你驚訝。

「今日終了！」無線電傳來呼叫，這就是將吊橋升起、準備進行我們夜間例行公事的慣例信號。這是倫敦塔又屬於我們了的信號。

我開始尋找霧尼和索爾。

鳥兒不見時，想把牠們找出來就好像在玩捉迷藏。只不過你得搜遍倫敦塔整整十八英畝的範圍，尋找一種會飛的生物，而且還會隱身在陰影裡。

半小時、一小時接連過去，我搜遍內城牆區的每個角落，檢查所有平常牠們愛去的地點，每個地方我都找過了，但最後我只得認輸。

天色漸暗，倫敦塔已經陷入一片寧靜。孩子們興奮的尖叫呼喊聲已經消失，唯一能聽見的聲音，就是塔外市中心不停歇的嘈雜聲。我知道自己沒有太多時間，如果渡鴉在夜間時被遺留在一片黑夜之中，不管是受了傷或正在進食，或僅僅是在地面上休息，都很容易遭到狐狸獵捕。

　　我心情沉重地坐下來等待，傾聽任何可能指示出牠們倆身在何處的徵兆。在軍中，我們稱這叫作戰鬥指示，它是某種異於常態模式的狀況，不太符合情境，可能會透露敵人的行蹤。

　　當然了，聆聽戰鬥指示的時候得非常小心，你很可能會產生嚴重誤解。我記得有次我的團隊和我要執行一場監視任務，地點在弗馬納郡（County Fermanagh）內一條橫跨北愛爾蘭和愛爾蘭共和國的泥濘小徑，入夜後愛爾蘭共和軍都會在這個交叉點偷運武器和炸藥。我們選中一處陡峭的樹籬以尋求掩護。這是一種典型的北愛爾蘭樹籬，充滿荊棘和枝葉，還有刺鐵絲纏繞在深處。我們把克服這類型樹籬的舉動暱稱為「弗馬納郡扭扭路」（Fermanagh Wobble），它讓就位工作變得十分困難，但在黑夜的掩護之下，我們終究還是爬了過去，趴下後開始進行監視。

　　當時正下著傾盆大雨，我們外出偵查的時候似乎總會這樣，我發誓連雲朵都知道我們何時該離開基地。

　　好幾個小時過去了，我們靜悄悄地趴著，聆聽著鄉間的聲

響。那天夜晚，整個世界變得很奇怪，你會開始想一些黑暗的念頭。突然間，有東西在遠處移動，我們還聽見有人咳嗽的聲音。就是這個了。有動靜！然後又出現了接連的咳嗽聲。有人正越過邊界，等著要交換武器。這就是我們的時機！我們即將制止一場攻擊，我們可以逮到愛爾蘭共和軍的部分組織，我們會成為英雄。

我們呼叫支援，並且引導衛星巡查咳嗽聲的來源。

然而，並沒有什麼愛爾蘭共和軍組織在交換武器，我們注定不會成為英雄。事實上，我們還讓自己看起來像一群蠢蛋，那咳嗽聲居然是來自一群該死的烏鴉！晚上的時候，烏鴉的咳嗽聲和人類的咳嗽聲會離奇相似。

本次教訓：謀定而後動。我們大家著實上了一課。

我抬頭看著白塔，祈禱霧尼和索爾還沒有找到穿越木板和細網的方法。我可不想在黃昏時刻爬上鷹架階梯抓牠們，今天已經很累了，我想趕緊回家好好休息。

那上面的是牠們嗎？我看不太清楚。

這已經不是渡鴉們第一次爬上鷹架了，肯定也不是最後一次，我為了追捕霧尼而吊在風向標上晃呀晃的意外還在後頭。我清楚記得，當我剛開始在倫敦塔工作時，就看過一位渡鴉大師的老助手為了抓住其中一隻渡鴉，在塔樓中間的鋼桿上盪來盪去的

景象。

「還好嗎?」他下來的時候我問他。

「可惡的渡鴉。」他只回我這一句話。

我的直覺告訴我,牠們兩個已經找到方法爬上鷹架了。我聚精會神,仔細聆聽和觀察,什麼都沒看到。如果牠們在上面,肯定是偷偷摸摸地行動,於是我坐了下來,耐心等待。

●

真慘,兩隻搗蛋渡鴉可能正在上頭俯視著坐在長椅上的我,一起放聲大笑。我勢必得把牠們揪出來了,在軍中我們稱這叫做「清場」。

我走向白塔底座,以及臨時搭建通往屋頂的梯子。我脫下皮帶、短袍還有帽子,把它們放在一張滿布灰塵,用來準備新切石塊的工作桌上,然後我開始攀爬這條曲折蜿蜒、形成直角螺旋的梯子,一路爬上白塔。每一段樓梯上都有一個用鷹架踏板搭起的木頭平台,橫跨著整座白塔的長度。我停在一樓,沿著平台望過去,希望能找看見或聽見霧尼及索爾,但卻沒看見牠們的蹤影。

每踏上一階、每檢查一個平台,就讓我愈來愈靠近頂端,距離地面將近有一百呎高,我正要踏出最後一步踩上最高的平台,但我從帆布圍欄的縫隙中瞥見了黑色的翅膀,還有絕不可能錯認的渡鴉剪影。逮到你們了!

我已經和「目標」進行接觸，把牠們帶下來的任務即將完成，但我沒有任何計畫。我該直接跑向牠們，期待牠們會跳起來滑翔降落在一百呎下的綠地嗎？或是我該偷偷接近牠們兩個，試著一次捉拿兩隻？如果我丟下牠們不管，或許牠們會自願飛下來？我決定再靠近一點。

　　我這輩子沒有太多悔恨。我為了樂趣和冒險加入軍隊，但也是因為我相信自己是在為了女王及國家服務，在軍旅生涯期間，我為此感到非常自豪。而且由於我成為近衛軍儀仗衛士，我天天都心懷感激；對我來說，這是世界上最棒的工作。但情況總會出差錯，事後看來，我黃昏時為了追捕兩隻渡鴉而出現在白塔上是判斷錯誤了。直到今日我都在想，也許我可以有些不同的作為，但事後諸葛也是好事，我想我學到的教訓就是，永遠要退一步、更仔細衡量我的選擇，慢下來好好思考。只要我再等更久一點，兩隻渡鴉最終就會因為肚子餓而從牠們的瞭望點飛下來地面，那麼一切就會沒事了。我為當時所做的決定負起全盤責任，我沒有像渡鴉一樣思考。

　　我怪我自己。

　　霧尼先跳了下來，我看不到牠在哪裡落地，但我知道牠已經離開鷹架和圍欄，抵達綠地了。牠已經安全落地。接著換索爾跳下去，但索爾是一隻大鳥，體型比霧尼更大、體重更重，而且牠

的翅膀幾天前才剛修剪過，也就是說牠無法取得推進力。牠勇敢地跳了起來，拍著翅膀想飛上塔樓，但離地百呎的墜落得另當別論，牠無法駕馭這段距離，而我驚恐地看著他縱身一躍，然後失速墜落。

牠完全沒有活命的機會。渡鴉是這麼聰明，我想索爾肯定也發現自己鑄下了大錯。我永遠無法忘懷牠撞擊下方工地地面的恐怖聲響，但更難受的是隨後的寂靜，我整個人僵住了一會兒，一邊聆聽著，希望聽見牠再次說聲早安。

我衝下鷹架階梯找到了牠，牠仰躺在石匠的長椅上，雙翅全開，頭傾向一邊。我知道已經太遲了，我將牠抱起來，緊緊貼著我的胸口，牠依然睜著眼睛，在生命逐漸消逝前，看了我最後一眼。

我不是容易傷感的人，我在軍旅生涯中也見過更糟的景況，但我毫不慚愧地承認，當晚索爾在我懷裡過世的同時，我為牠流下了一滴眼淚。

二〇一〇年二月九日晚間五點五十五分，渡鴉大師洛基・史東在私密葬禮中埋葬了索爾，然後打電話給照顧索爾好多年的前任渡鴉大師德瑞克・柯爾，通知他這個令人難過的消息。當時的倫敦塔副總督迪克・哈羅德上校（Colonel Dick Harrold）在隔天早上，也接到索爾提早離世的消息，以及牠死時的情況。

他立刻下令對白塔的鷹架進行全面檢查，加強防護措施，不讓其他渡鴉再試圖爬上鷹架。大家都學到教訓，倫敦塔學到了，我也學到了。索爾的死也是我後來改變羽毛修剪策略的原因之一，就像我之前說過，我現在盡可能地減少修剪羽毛，如此一來，未來像索爾一樣的渡鴉就有機會活下來，牠的死就沒有白費了。

　　如今，如果渡鴉在倫敦塔意外死亡，而我不確定死因的話，我會把牠送交倫敦動物園的獸醫進行解剖驗屍。此舉可以讓我們排除有任何傳染疾病，已經傳染給其他渡鴉的可能性。（結果還是發生了。二〇一〇年我們痛失兩隻渡鴉，莉茲和馬力，我們認為牠們感染病毒。唯有透過密切觀察和立即行動，我們才成功讓其他渡鴉免於面臨相同的命運。）

　　如果我知道死亡原因的話，例如索爾的慘劇，那我就有責任確保牠們妥善地埋葬在倫敦塔的土地。走出倫敦塔出口時，你會在護城河上右側的中間吊橋旁邊，看到一小塊漆著白色文字的黑板，這就是倫敦塔渡鴉紀念碑。這塊紀念碑是由亨利·約翰（Henry Johns）設立的，他是軍需官，照顧渡鴉長達二十五年之久。這塊紀念碑可以回溯至一九五六年，記錄下所有在倫敦塔過世的渡鴉，直到二〇〇六年為止。

　　我成為渡鴉大師之後，決定不再更新紀念碑的記載，對我來說，重要的是渡鴉的生活而不是死亡。我將所有精力投注於保障

渡鴉在和我們共同生活期間，能享有最高的生活品質。就像《聖經》裡所說的，「任憑死人埋葬他們的死人」吧。

自從被指派為渡鴉大師起，我為過世的渡鴉都辦了寧靜簡單的葬禮，將牠們安葬在倫敦塔的土地。沒有什麼正式典禮，只有我和渡鴉，讓我能好好私下和渡鴉道別，感謝牠對倫敦塔的貢獻。

索爾的故事還有一段奇妙的尾聲。索爾死後，其他渡鴉馬上就發現霧尼成了孤家寡人，失去主導地位，因此為了保護牠不被其他渡鴉欺負，我們將牠移到渡鴉格威利姆旁邊的圈地。

格威利姆在一九八八年來到倫敦塔，當時成為我們這兒最年老的渡鴉，二十二歲，是由北威爾斯科爾溫灣的威爾山動物園（Welsh Mountain Zoo）的傑克森先生所贈送。牠是一隻安靜又低調的渡鴉，不喜歡社交且樂於獨處，是個終身不婚的單身漢，直到霧尼出現。

牠們倆幾乎可說是立即透過籠子表現出求偶跡象。這是否因為失去索爾之後想尋求安慰我們不得而知，但有一件事是肯定的，霧尼在找到新伴侶之前，並沒有四處閒晃。也許牠早就看上格威利姆了，只是在等待對的時機。索爾二月過世，到了三月，我們已經將霧尼和格威利姆安置在同一個籠子裡，牠倆在裡頭盡情放閃，而到了四月，我們就把牠們移回先前霧尼和索爾在綠地

上共居的暗箱，牠們便以新成對的伴侶身分繼續在倫敦塔生活。

然後，實在令人不敢置信，歷史再度重演。

四月二十二日，就在牠們被放出來活動後剛滿一個禮拜，霧尼帶著格威利姆跑去白塔頂端不願意下來。我們原本以為再度爬上去把牠們驅趕下來會很安全，格威利姆的羽毛最近都沒有修剪，牠倆應該都能跳下來並且安全落地，不會讓自己陷入險境。

於是我又爬上了白塔，霧尼也再次縱身躍下安全降落。我永遠忘不了格威利姆在跳下去之前站在女兒牆上的那個畫面，牠猶豫了，頭部也緊張地左右搖擺。我看得出來牠在盤算自己的選擇，要戰鬥還是逃跑？然後在我接近牠的同時，牠變得更緊張了，跳起來後就從白塔上飛走了。

「洛基，洛基！你看見牠了嗎？」我往下大吼。

「當然看見了，」洛基說道，手指向泰晤士河的方向，「牠往那兒飛去了。」

這就是我們最後一次見到格威利姆。

兩個半月之內，霧尼在無意間決定了我們這裡兩隻公渡鴉的命運，牠的暱稱就是這麼來的，黑寡婦。直到幾年之後，在二〇一四年，牠終於找到另一位更年輕的伴侶，和朱比利二世建立起感情，我只能祝朱比利一切安好。

·——· **Chapter 25** ·——·

The Ghosts of My Life
我 生 命 中 的 鬼 魂

　　在某些日子的晚上，倫敦塔會舉辦如企業活動等大型活動。
會有社團或協會來拜訪近衛軍儀仗衛士的俱樂部，但不是每天晚
上。大部分的夜晚只有鑰匙儀式（Ceremony of the Keys），也就
是將倫敦塔的大門上鎖的儀式，在晚間十點整舉行，然後我們近
衛軍儀仗衛士差不多就能獨享倫敦塔這整個空間了。

　　大家常問我相不相信鬼魂的存在，坦白說我相信，但我也不
信。你可能會記得，在《小氣財神》（*A Christmas Carol*）的故
事中，史古基（Scrooge）遇上他的事業夥伴雅各‧馬力（Jacob
Marley）的鬼魂時，他說他並不相信他是鬼：「你可能是一塊未
消化的牛肉，一坨芥末，一小片起司，一小塊半生不熟的馬鈴
薯。你和肉汁的關聯比墳墓還多。」我想至少我們近衛軍儀仗衛
士有些知名的鬼怪故事，和肉汁的關聯比他們的墳墓還多。這些
故事最好配上一大搓鹽巴，還要加上一兩滴威士忌，因為他們一

定是深夜裡在近衛軍儀仗衛士的俱樂部裡，用一品脫啤酒和派調製出來的，不過……

　　我得承認倫敦塔中有些事情無法解釋。你懂我的，我是極理性又強悍的退役步兵，但即使是到現在，擔任近衛軍儀仗衛士將近十五年後，晚上在倫敦塔遊蕩時，就連我都忍不住以為會碰上安妮・博林、華特・萊利爵士或兩位小王子，或一位無頭士兵在巡邏城垛。

　　這裡真的有鬼魂這種東西嗎？它們在三更半夜時會趾高氣昂地走在古老的鵝卵石路和通道嗎？我很懷疑。但如果我們停下腳步仔細聆聽，是否到處都是過往的回音，還有影子向我們招手呼喚呢？肯定是的。倫敦塔這個地方充滿了回憶和想像出來的東西；這個歷史悠久的地點舉辦過盛大宴會、眾人嬉笑玩鬧，也舉行過加冕大典、眾人在此狂飲作樂，還充滿了酷刑和恐懼。當太陽下山後，這些冰冷石牆上的影子低垂扭曲到難以辨識時，我料你也很難不幻想出過往那些血腥又光榮的回憶和想像之物。

　　當然有很多人都說在這裡見過鬼。我們一位前近衛軍儀仗衛士——喬弗里・巴德・艾博特（Geoffrey "Bud" Abbott）寫了一整本關於見鬼事跡的書。巴德是個正直的人，也是個優秀的說書人，時至今日，我們許多近衛軍儀仗衛士都仰賴他在《倫敦塔鬼魂》（*Ghosts of the Tower of London*）中對食屍鬼和幽靈的傳述。

裡頭的故事都很精彩。但由於我的工作本質較為奇特，深夜和清晨時會耗費非常多時間在倫敦塔徘徊，我已經親自體驗過一些離奇的狀況。

我通常不愛聊這些事，因為老實說這些可能聽起來會有點瘋狂，儘管如此，這也是渡鴉大師的工作中必然面對的另一種面向：處理妖怪、鬼魂、長腳昆蟲及半夜裡蠢動的東西。或至少是「可能」出現妖怪、鬼魂、長腳昆蟲及半夜裡蠢動的東西的情況。巴德是這麼說的：「燭光在日光下幾乎看不見，但它依然存在，倫敦塔的鬼魂也是一樣，若你仔細凝視陰影徘徊之處，角落裡或樓梯周圍，你可能也會看見它們。」

我們最出名的常駐鬼魂是安妮・博林。她已經多次被人發現在她忌日那一天，會在女王之家和鎖鏈聖彼得皇室禮拜堂附近徘徊。我記得最初抵達倫敦塔時，我太太和我住在綠地上的一間小公寓，某天清晨我醒來後，總覺得非得要朝我們臥室的窗外看看才行，卻只看見遠方一道陰影沿著通往教堂的通道前進。是她嗎？我不知道。那肯定是某個人或某個東西。華特・萊利爵士最近一次被人發現是在一九七六年，一位近衛軍儀仗衛士的妻子在洗澡時撞見他。據說有個前所未見的駭人幽靈天黑後會出現在鹽塔（Salt Tower），另外在十九世紀時，有個大熊的鬼魂曾現身在馬汀塔裡頭，不過我不知道牠最近跑去哪兒了。我無法證實或

否認這些撞鬼遭遇的真實性，但我倒可以說說我自己的所見所聞。

這件事發生在幾年前某個稀鬆平常的上午。我在鬧鐘響前就起床了，喝了一杯茶後便出門，登上砲台的旋轉梯踏上綠地。在我看見或聽見渡鴉之前，我就能感覺到牠們迫不及待地想展開翅膀，甩開前一夜的睡意。我的雷達啟動了，若有人在附近我都會知道，現在正是如此。

珠寶館入口上方的時鐘正在報時，清晨六點整，太陽剛從地平線升起，在綠地四周的鵝卵石通道上投射出長長的陰影。我穿越草地，躲過灑水器，往梅林娜的暗箱走去。

我可以聽見牠在呼喚我，我確定牠能意識到我馬上就要到了，就如我能察覺牠一樣。

我一如往常地打開籠子的門，向牠道聲早安後，牠就離開了，開門後牠從來不會逗留。如果牠沒離開，就是情況不對勁的最佳指標。那天早上，牠跳下棲木後就拍著翅膀直接飛去鵝卵石路。偶爾下著傾盆大雨時，牠會猶豫不前，彷彿想問：「我需要雨傘嗎？你覺得呢？」但今天早上就跟以往一樣，牠展開雙翅，精力充沛地甩甩兩邊翅膀，低下頭，抬起背部，就逕自飛向空中在我面前「解放」，這是牠早上的固定儀式。渡鴉嘛，習慣性的動物。

接著牠跳回金屬梯子上，對我點個頭示意，將翅膀展開一部分後發出響亮的打嗝聲，我也對牠回禮。然後牠往醫生家旁邊那棵牠最愛的冬青樹的方向飛去，準備獵捕老鼠。梅林娜是捕鼠專家。（牠的方法是在洞口逗留一會兒，等待小老鼠出現。這個方法比較簡單，但提醒你一下，我也見過牠在全速飛行時，抓下一隻迅速飛過牠身邊的藍山雀，因此說到打獵這件事，牠可不是慢郎中。）

我讓牠在那邊專心抓老鼠，然後我就走進了綠地上女王之家旁的小入口，去拿我的掃把和水桶來換洗水碗。這天早上非常安靜，沒有人在附近，只有我自己一個人。當時也沒有陣風或微風。我帶著掃把、水桶朝綠地走了幾呎，入口通道的門卻在我背後突然被大力甩上，彷彿有人氣炸了，或是想要引起我的注意。我嚇了好大一跳，那扇門從未關過，一次也沒有，我完全無法解釋為什麼發生這種事。

想再聽一個故事？好的。這也一樣，隨便你怎麼詮釋，不過要記住，以前近衛軍儀仗衛士可能有強烈的動力自己發想故事，好讓遊客願意大方給小費，但現在這個作法當然是不受鼓勵的，因此為你編造任何故事對我並沒有好處。我只是在講述我自己的見聞。

某天晚上，我正在引導渡鴉回籠睡覺。我打開主要圈地的大

門後，就去召集艾琳和洛基，我感覺得出來牠們非常想睡覺了，但艾琳在進入圈地之前總有猶豫不前的習慣，而在同一時刻，我注意到有個小女孩坐在圈地一旁的長椅上，密切地注意著我。

她肯定已經滿十歲了，身旁沒有人，似乎是自己一個人坐在那兒。她有一頭灰棕色的頭髮，穿著一般的現代服裝。我沒認出她是哪位塔內居民的小孩，而且倫敦塔已經關門很久了，所以她不太可能是滯留的遊客。她動也不動地坐著，完全靜默，盯著我瞧。

我已經常常在這個區域感到不舒服了，但我試著不要一直想著這件事，我不太確定該說些什麼，於是我禮貌地請那個小女孩離開，因為若她不走，下一對渡鴉會不願意進入圈地之中。她抬頭看著我稍微笑了一下，但還是什麼都沒說，不知道她是不是有什麼問題，總之，我還有工作要做，而且我想我該先處理渡鴉的事情，於是我打開霧尼和朱比利的圈地，這也不過一時片刻的事，就是轉圈鑰匙而已，但我轉過身時，那個小女孩已經消失了。我不可能沒注意到她經過我身邊，但她不見了，消失無蹤。她突然消失害我心神不寧，我開始尋找她的蹤影，找遍了整個內城牆區。我什麼都沒找到。時至今日，儘管我已經問過所有的塔內居民，但大家對那位小女孩都一無所知。

還有另一次，我記得陽光正照耀著綠地還有行刑地點，彷

佛洗刷了所有倫敦塔血腥過往的蹤跡。整個場地充滿了身穿制服的學童的嘈雜聲，老師和家長正帶領著他們參觀，當時我正在值勤，一邊享受著舒適的天氣，一邊看著梅林娜玩棍子。一名小女孩脫隊跑來找我，指著波尚塔（Beauchamp Tower）跟我說有個穿著奇怪衣服的男人在裡面走來走去，後來就跑回學校隊伍之中了。我沒多想，小孩子的幻想嘛！直到那天後來，我突然想起幾年前，我太太也在波尚塔中感應到類似的事情。

當我應徵近衛軍儀仗衛士的時候，我們在面試之前來參觀倫敦塔，探索一下可能的新家。就像其他觀光客一樣，我們遍訪所有景點，當天玩得非常愉快，但正當我太太穿越波尚塔的入口時，她突然停下腳步不願意再繼續走下去。她的臉色變得蒼白，看起來大受影響，她不敢再看往底下一層，便趕緊衝出去了，我當然趕緊跟著她，問問她是否安好；她跟我說她一進到房間，一股極度恐懼的感覺就席捲而來，彷彿有人不希望她再前進一步，不歡迎她來到這個地方一樣。她真的嚇壞了。

過了不久，我拿到了這份工作，我們分配到的第一間房子就在綠地上，旁邊是血腥塔，波尚塔也在視線範圍之內。在我們住在綠地上的那整段時間，我太太從未靠近過波尚塔，而且直到今日都還不願意靠近。她絕對不是迷信之人，不可能因為一個影子就嚇到魂飛魄散，但她肯定不是第一個感應到那裡有問題的人。

所以，我不相信有鬼魂，但我相信自己所見還有別人告訴我的經歷。我認為我們稱為鬼魂的東西存在於我們的想像之中，而出於某種原因，當我們身受周圍情況和環境深刻影響時，不知怎麼地我們就會將它們召喚出來。那是安妮・博林的鬼魂嗎？那些是小王子們瘦削慘白的靈體嗎？抑或那只是你的想像？

Chapter 26

And so to Bed
睡　覺　時　間　到　了

　　你不可能直接叫渡鴉上床睡覺的。這樣就太扯了，對吧？

　　沒錯，所以我得想出幾種策略和方法。

　　我會敲敲棍子，然後叫牠們上床睡覺。

　　你不相信？那就來瞧瞧吧。我會拿起棍子，這是一根特別用來召喚渡鴉的棍子，是我請南美洲一個失落已久、崇拜渡鴉的部落為我做的。唉，才不是。我以前用的是牧羊人的棍杖，但我得承認那東西有點做作。現在我就用一支老掃帚的柄，它就能達到效果了。

　　但首先我得檢查水碗裡的水，確定沒有殘渣漂浮在上面，把突襲鴿子留下的殘局收拾乾淨。

　　一般來說，渡鴉都會在夜間睡覺，儘管牠們並不會真的把頭掩蓋在翅膀底下，但牠們確實會把眼睛閉上並安臥下來。每當到了睡覺時間，我們的渡鴉通常會藉由飛到倫敦塔四周牠們最愛的

夜間棲地，並且陷入靜默來向我發出信號。我可以察覺到牠們什麼時候準備要睡了。

總之，這根棍子呢，一部分是用來引導渡鴉進入籠子裡，但其實是用來防止我在塔內滑溜溜又不平坦的地板上跌倒。

摸黑行走時，還要一邊吹著口哨一邊呼喚，引導渡鴉們往圈地的方向移動可是比聽起來還要困難。我這輩子已經絆倒及摔跤過夠多次了，虧我以前還以為當步兵會很危險咧！

記不記得我跟你說過，當我們早上放出鳥兒們的時候一定要按照特定的順序？牠們也喜歡照這種方式回來睡覺，夜夜如此沒有例外，只不過順序顛倒過來：這個機制是由占主導地位的那一對渡鴉先去睡覺，其他渡鴉再依序跟上。這個規矩不能出絲毫差錯，這可是渡鴉大師的其中一條鐵則，記得嗎？

還有，你記得我也說過，有時候就連我都不會遵守自己的鐵則嗎？這個嘛……

這是幾年前的事了，當時十二月，在我生日那一天，我太太和我預訂了一間距離倫敦塔不遠的餐廳。我太太已經準備好出門，就像以往一樣打扮得美極了，反觀我呢，還打算拖到最後一刻才要整裝出發，打扮得正式又體面會讓我一直想著工作上的事。我已經穿了一輩子的制服了，所以我喜歡盡情享受每一個可以只穿 T 恤、牛仔褲還有戴上我最愛的雷文克勞（Raven-claw）

毛線帽的時刻。我的時間多得很。

那天晚上特別寒冷難受，不斷下著英國最常見、會浸溼皮膚的那種水霧般毛毛雨，我從客廳窗戶向外望了一下深灰色的石牆，天色暗得很快，現在叫渡鴉們上床睡覺是有點早，但我想，不過是催促牠們這麼一次應該無妨。

●

我穿上防水外套和威靈頓雨靴，再戴上毛線帽，告訴太太說我準備去忙渡鴉的事，讓別人知道你在溼冷黑夜中的行蹤總是比較讓人放心。通常我會帶著手機，以防萬一，但這一次我沒有帶。

當時我才剛擔任渡鴉大師二到三年，這段時間以來我過得非常辛苦，我在短時間內就必須學會一大堆事情。而且不久前才剛有一隻狐狸殺死了兩隻渡鴉，我只希望今年趕快結束好有個新的開始。

出家門後，我穿過砲台中的一小段距離登上綠地。黑夜才剛開始吞沒白塔，向下投射出不祥的陰影，倫敦塔的狐狸跑出來玩耍不過是遲早的事。

我環視四周，到處都沒見到梅林娜，不過這也挺正常的，於是我想，我就先叫其他渡鴉回來睡覺，然後再回來找牠。絕對不能讓梅林娜知道我在趕時間，你也知道，牠非常聰明，觀察力

又敏銳，如果你壓力很大的話，牠會感覺得出來，進而不想靠近你身邊。牠有點像一位年邁寡居的公爵遺孀，不喜歡表露出任何情緒，覺得太過熱忱或熱情會讓人倒胃口。牠表達情緒最細微的提示，就是對你拍拍翅膀，趾高氣昂地踏步繞圈，大聲嘎嘎叫表達抗議後就掉頭離去，直到你去安撫牠為止。有時候我都在想牠是不是維多利亞女王的靈魂轉世，或是看了太多影集《唐頓莊園》（*Downton Abbey*）裡瑪姬‧史密斯女爵士（Dame Maggie Smith）所飾演的角色。

∙

「我馬上回來找你，梅林娜。」我對著夜空喃喃自語，便回頭往老舊的暗箱走去。

還真省事！霧尼和朱比利正在那邊等我。霧尼在附近的草坡上來回踱步；牠不喜歡夜深了還待在外頭，最喜歡五號暗箱給牠的安全感，牠倆搬到新的圈地之前都睡在那裡面。朱比利則站立在古老、殘破的冷港牆（Cold Harbour Wall）之上，這是倫敦塔中歷史悠久的其中一堵牆，牠正耐心地等著跟隨霧尼進去。牠們都準備要睡覺了。

唯一的問題是，霧尼和朱比利不應該先進去。牠們這一對伴侶在啄食順序中排名第二，如果你想要養渡鴉當寵物——雖然我非常強烈反對這麼做，連想都別想——你可以把牠們養在任何一

個你挑的地點長達二十年甚至更久，牠們會非常樂意留在那邊。我還知道有人會把渡鴉養在家裡。一旦你做出改變，只要有任何變動，情況就會一發不可收拾。我知道這件事，每個和渡鴉共處的人都知道，千萬不要打亂渡鴉的例行公事，但那一晚我犯了蠢，我打破了自己的規矩。我將霧尼和朱比利引導進入牠們的暗箱之中，太棒了！我搞定兩隻渡鴉了，手氣真順。

蠢蛋。

接著我去找艾琳和洛基。身為占主導地位的一對，牠們應該是前兩個上床睡覺的才對，但我很確定牠們會原諒我，畢竟那天是我的生日，而且我太太正在等我，我們訂了餐廳，我這一年來又過得這麼辛苦勞累，拜託，各位行行好，放我一馬吧。這就是為什麼擬人化會讓你惹上麻煩，因為渡鴉才不在乎你的晚餐計畫呢。

我走上倫敦塔南側陡峭又潮濕的草坡，艾琳和洛基平常都會在那裡等我，卻只發現牠們悻悻然離開了，因為我略過了牠們平時優先就寢的特權。牠們已經跳上了通往白塔南側入口的木梯，盡可能地棲息在最高的地方，從木梯內側裡一道巨大的橫橡木上俯視著我。

我看了看手錶，時間不斷流逝，我太太在等我，於是我爬了上去。那時候我還比較年輕，常常爬上白塔階梯下的橫木弄出沙

沙聲把渡鴉從棲木上趕下來。這很簡單，不成問題的。我先是用牧羊人的棍子敲敲橫木，希望能促使牠們下來，但牠們根本不想移動。艾琳拖著腳沿著橫木走得更遠了，洛基緊跟在後。好吧，我趕緊跟上牠們，在幾乎一片黑暗的情況下，摸著一道一道橫木爬上去，不一會兒，我和牠們只剩觸手可及的距離。

偏偏這時候我的腳在老舊又滑溜的木材上滑掉了，我摔了下去，胯下最先撞上一道粗壯橫木，當然這比我摔得頭破血流要來得好，但我到現在都還能回想起那種痛不欲生的感覺。我久久不能移動，深怕進一步傷害到我敏感脆弱的部位。

嘎嘎，嘎嘎。我抬頭一看，我發誓，艾琳和洛基正在嘲笑我。重新恢復平衡之後，我起身再次往上爬，咒罵起自己以為當渡鴉大師會很有趣的那一天。

當我終於爬到艾琳和洛基棲息的那道橫木時，我其實還挺自豪自己能摸黑爬上來的，雖然受了傷。

「快呀，你們兩個，快下來。」我說道，一邊用手裡還緊緊握著的那根棍子輕輕敲敲橫木。

艾琳和洛基看了我一眼，然後牠們就像低空跳傘員從最高的懸崖頂端躍下那般，跳進了一片黑暗之中。

等我回到堅實的地面時，牠們已經悠哉地漫步回四號暗箱的家了。我和牠們道聲晚安，偷偷咒罵牠們幾句後，就關上牠們背

後暗箱的門了——我承認關得挺大力的,比平常還用力。

好了,搞定四隻渡鴉,還剩三隻!我幫波夏打開三號暗箱,幫福金打開一號暗箱。波夏和福金都都是母鳥,牠們喜歡分開來睡覺,這兩隻一般來說從來不會敷衍打發我,但現在整個情況都亂了秩序,我開始覺得有壓力。

不過幸好波夏和福金那天晚上乖得不得了,牠倆都還沒在階級順序中建立自己的地位,所以平常的就寢慣例失衡對牠們來說沒有太大差別。

福金當時在白塔的西側閒晃,而波夏則是站在倫敦塔東側馬爾他騎士團當年使用的大砲上面。上帝請保佑福金,牠一見到我就直接滑翔進入自己的暗箱,我便幫牠關上背後的門。好極了!牠真是一隻優秀的渡鴉,還這麼聽話!看來我的生日慶祝行程應該是回歸正軌了。波夏也跟著照做,牠這隻渡鴉喜歡獨處,不太和其他渡鴉社交,總愛待在大砲上面給人拍照來消磨牠的時光。牠在進入自己的暗箱之前總會在南側草地上繞飛一圈;這天晚上也沒有例外,跳下大砲,繞飛草地一圈,回家睡覺!

於是呢,所有渡鴉都已經回到南側草地上睡覺,我把外籠的門關好,向渡鴉們道晚安後就離開了。

只剩一隻渡鴉還在外頭,也就是公爵遺孀本「鳥」——梅林

娜。

　　暗夜現在已經完全籠罩著倫敦塔，我站在綠地正中央，用渡鴉語對空呼叫。

　　梅林娜沒有回覆。我又看了一次手錶，我太太現在肯定站在我們家前門了。

　　我匆忙趕去那些梅林娜最愛的地點找牠，看看牠是否在跟我玩躲貓貓，牠想拖延我時間的時候最愛這麼做了。我先搜尋了冬青樹，沒有牠的蹤影，然後我又去綠地上的兩棵聖誕樹找牠；在十二月期間，我已經看過牠爬上聖誕樹正中央，用牠的喙把燈泡戳爆好幾次。還是一樣，沒見到牠。

　　我擴大搜尋範圍，還爬上血腥塔的樓梯看牠是不是棲息在萊利步道（Raleigh's Walk）的頂端。牠喜歡檢視來往泰晤士河的小船，不用懷疑，華特‧萊利爵士四百年前被關在倫敦塔的時候，肯定也做過同樣的事，但梅林娜不在牆上。我又迅速走下樓梯，我從來沒有在華特爵士的步道上感到非常自在過，這地方總讓我覺得哀傷。

　　總之，我快來不及了，照這個情況下去我就要錯過我的生日大餐了，更糟的是，我還讓太太苦等著我。我得進入二級戒備狀態了。我衝到儲藏室拿出軍中俗稱的「鯊魚眼」，也就是超亮探照燈，如果梅林娜躲在某個陰暗處，鯊魚眼很快就會讓牠現蹤。

我又繞了一圈內城牆區，拿著鯊魚眼到處探照，什麼都沒看到。我們跟餐廳預訂晚上九點，現在我只剩不到一小時得找出一隻渡鴉、為晚間約會整裝打扮，然後還要趕去餐廳，雖然也不是完全不可能做到，但是機會愈來愈渺茫了。

　　我走進血腥塔底下的拱門，踏上通往綠地的鵝卵石路，這時我突然聽見一聲虛弱的嘎嘎叫，我呆掉了一會兒，努力地想再聽一次那個聲音。

　　肯定是我自己在幻想，於是我繼續前進，但當我走到木板梯的時候，我又聽到那個聲音了，這一次非常清楚。吭顆、吭顆，是梅林娜和我用來跟彼此相認的特殊咔噠聲，我找不到這個聲音是從哪裡傳出來的，於是我回叫了一聲看牠會不會回應，牠確實回應了，真讓我大鬆一口氣。太棒啦！我找到牠了，這簡直是聖誕奇蹟！

　　正當我發現牠身處何處的時候，這個聖誕奇蹟就立刻消失了。牠勉強在通往韋克菲爾塔底層房間的木頭平台下爬行，我們都將刑具存放在那個房間裡。那兒有個大約八吋寬的空隙，而梅林娜把自己塞進去了。

　　我完全不知道該怎麼把牠弄出來，那個平台下方有個又大又臭的坑，大約有二十呎寬、七呎深。這裡曾是喬治王朝時期一間古老衛兵室的地點，但如今已經沒有任何功用了，只能收集停

滯的雨水、觀光客的垃圾還有鴿子的屍體。我都稱它為「末日之坑」，現在它成了我和生日大餐之間的唯一障礙。

我翻過圍繞著韋克菲爾塔草皮區的黑色鐵柵欄，用肚子趴著落地。草地整片溼答答的，但都到這個地步我已經不在乎了。方才我和艾琳及洛基倒楣的碰面，已經讓我的腿部內側因瘀青而痛得要命，我還走了差不多有好幾哩遠的路程尋找梅林娜，現在又全身濕透，還有什麼能出差錯的？

我對著平台底下照了照鯊魚眼，確定是否真的是梅林娜卡在那裡，而不是昔日的聖誕幽靈。我又呼叫牠一次，牠沒有回應，但我能看出牠的喙的剪影，這對我來說就夠了。牠把自己塞進了那個細小裂縫的最後方，就連我把棍子伸到最長都碰不到。我得冒險深入末日之坑了。

我一點都不想貿然潛入七呎深的大坑，因為我身長不足七呎，也壓根兒不想跳進一池發臭的死水，幸好有一排狹窄的台階連接著排列在臭水坑旁的木頭立柱，我猜是讓維修小弟進入那個區域用的。只要我在臭水坑旁邊的台階上緩慢移動，我就能深入裂縫抓住梅林娜。

我壓低身子踏出第一步，把腳放上去瞧瞧它能否承受我的重量，沒問題。第二步，一切都好，第三步，裂開了。

我眼前出現了人生跑馬燈，我記得下一刻自己就沉進了臭水

坑，垃圾和腐爛的鴿子屍體在我身旁環繞。我簡直不敢相信自己的運氣這麼差，或者該說根本一點好運都沒有吧。我努力把自己從臭水坑裡拖出來，與此同時我和梅林娜眼神交會，牠已經從藏匿處爬了出來，直接棲息在我身上，還一邊擺動著牠的喙。

在軍旅生涯中，我已經看過太多次當情況不能變得更糟時，不知怎麼地你就會開始放聲大笑的狀況。現在就是那種時刻。

我們沒有出門去吃我的生日大餐，好在我太太也覺得這整段遭遇非常好笑，當晚我們留在家裡，吃了一餐浪漫的兩人份烤豆子吐司。

這是另一種擔任渡鴉大師絕對需要的特質：幽默感，還有一位心胸寬大的伴侶。

現在讓我依照正確的順序把渡鴉叫回來。

我會敲敲棍子，艾琳和洛基，哈利斯和葛利普，霧尼和朱比利。這麼做才對。

· ——— · **Chapter 27** · ——— ·

Great Traditions
古 老 的 傳 統

　　渡鴉們晚上都會回到圈地，免受狐狸的攻擊，希望我現在已經回答你多數的問題了。不過，還有一個重要的問題，大家通常不太會問，所以我想只有我自己能提出這個疑問：倫敦塔渡鴉的未來是什麼？

　　老實說，感覺我才剛開始著手進行我想在這裡做的工作。自從我擔任渡鴉大師以來，在歷史皇家宮殿的全力支持和鼓勵下，我已經做出許多改變，尤其是在我們如何照護渡鴉這一方面。我相信我們做的這些改變都是必要之舉。我們的遊客都抱著比以往更高的期待，特別是關於渡鴉的福利，而且在現今的時代，我們對應該如何對待動物也有更多的了解。在如何照顧渡鴉這件事上，我已經有能力發想出自己的作法，而我也有幸能和優秀的助理團隊和志工們共事，讓這些點子成真。

　　在陸軍服役的日子教會我如何承擔責任。年輕時，我的身

邊總有一群朋友，但我一直都是邊緣人物。我享受參與群體的感覺，但我也傾向有所保留，從旁觀察。我不願意全心投入。但現在我已經了解了制訂計畫、和團隊合作並帶領他們，還有評估後果的重要性。我記得在我三十歲出頭，回到營隊接任鼓樂隊指揮時，發現自己回到了原點：在以童兵身分加入軍隊二十年之後，我又回來帶領軍團。如今，身為一個近衛軍儀仗衛士、渡鴉大師以及渡鴉團隊的一員，是最讓我自豪的事，同時也承擔著極大的責任。

我主要的工作是讓渡鴉留在倫敦塔，確保傳統不被打破──雖然你們現在也知道，這個傳統可能是也可能不是完全由我在維多利亞時期的前輩所發明的，但儘管如此，它就是非常重要的傳統！我是退役軍人，而我在一處世界遺產（World Heritage Site）為歷史皇家宮殿工作，想當然耳我有意維護傳統。但改變是無法避免的，即使是我在英國陸軍的日子裡，這個古板守舊、行動遲緩出了名的組織其實一直都有在改變。像是我一開始成為童兵時，我們在劍橋郡（Cambridgeshire）的巴辛波恩軍營進行基本訓練，這地方也是導演史丹利·庫柏力克（Stanley Kubrick）拍攝《金甲部隊》（*Full Metal Jacket*）的地點，當我入伍的時候，該電影的確精準呈現了基本軍事訓練的樣貌！如今回首，我覺得我們之中任何一人能生存下來實在太神奇，但到了我成為陸軍教

官的時候，整套訓練方式都變得更好了。

　　我非常幸運，我的太太打從一開始，在我面對每次派駐和每個艱難決定時，都支持我在人生和職涯中的所有改變。記得有次我正在上高階士官課程，我真的只想就此打住，於是我打電話回家，我太太告訴我要堅持下去，結果我後來升上了上士。就連我剛成為近衛軍儀仗衛士的時候也是如此；當時我們已經在布萊頓的大房子住上一段時間，搬來倫敦塔後，拿到了我們第一間位在血腥塔隔壁、非常迷你的公寓鑰匙，那間公寓小到連我們的沙發都無法通過前門。原本我又打算拍拍屁股走人，但我太太說沒關係，我們就把自己的東西放進儲藏室，再想辦法把窗戶拆掉，這樣就能把家具放進去，而我們也真的這麼做了。不管你是誰，在哪裡，這一生中在做什麼事，都要學習適應環境。

　　我想接下來在倫敦塔進行渡鴉的育種計畫會非常有意思。我們以前就曾試過類似的計畫，而且也已經有渡鴉在這裡誕生——勞諾就是第一隻，牠在一九八九年誕生，另外在一九八〇年代末期到一九九〇年代初期之間，差不多也有十二隻渡鴉在此出生，但我們從未實行過妥善規劃及監控的計畫。我的一位渡鴉大師前輩，偉大的約翰・威明頓（John Wilmington），（隸屬女王第四輕騎兵隊）曾寫過關於他在鼓勵渡鴉們育種上所遇過的困難：「多年下來，我已經試過要讓牠們交配繁衍，但都徒勞無功。我

試過在女王之家旁的籠子內安放鳥巢，試過放在韋克菲爾塔旁的箭孔中，試過放在白塔階梯的下方，這一次算是成功一半，牠們築了一個非常棒的鳥巢——我幫牠們帶來了木頭和其他東西協助牠們築巢，牠們也順利下了兩顆蛋，牠們輪流餵食、理毛、在鳥巢中相互照顧，這樣維持九天之後，不知道什麼原因牠們竟把蛋摧毀了，但和專家談過之後，他們跟我說這種情況時常發生。」

值得努力的事情從來就不簡單。

我真的很希望大眾能夠體驗我這些年下來有幸見證的事情，也就是從鳥蛋到成為成鳥的這整段過程。渡鴉寶寶看起來有點像怪誕的迷你石像鬼，但你會看到牠們成長發育，自己洗澡、進食，伸長著細小的脖子保持警戒。這種生命教育真的很美好。

我認為在這裡施行育種計畫也是一件好事，這能讓我們繁殖出適合待在倫敦塔的鳥兒。誠如我之前所說，曾經有段時期，我們所有的渡鴉都是別人送來的，通常是由老軍人所贈，有時則是來自動物園，也確實有一般民眾在野外發現的渡鴉。我並不認同將在野外出生的渡鴉帶來倫敦塔的這種作法，而英國內也沒有那麼多豢養渡鴉的繁殖商，因此若想要延續我們的傳統，我們一定得找出自己的解決之道。渡鴉的族群數量現在逐漸開始在英國各地恢復，並且已經在倫敦三十英里半徑範圍內定居，也許有天我

們甚至會看見野生渡鴉回到倫敦塔！

| **渡鴉大師**——我與倫敦塔的渡鴉 | **Chapter 27**

Chapter 28

Sentinels of The White Tor
白 色 突 岩 的 哨 兵

　　老一輩的渡鴉大師們喜歡將他們的知識保留在自己心裡。倫敦塔渡鴉的照護以及牠們的生活原本都略帶神祕色彩,但不論是好是壞,我選擇了相反的做法。我想這就是我的本色。未來幾年的渡鴉大師們做事情的方法肯定也會改變的。以前曾有「獅與豹群管理員」,接著有「國王的熊與猩猩之管理員」,再來是「軍需官」,現在則是「渡鴉大師」。誰知道未來幾年會變成什麼角色呢?

　　在我職涯的現階段,我想我只是希望能分享我從觀察以及和鳥兒們共事中所學到的知識。某種意義上來說,我希望你已經看見照顧渡鴉是很簡單的,就像照顧其他動物一樣容易:餵食牠們、確保牠們有足夠的飲水、保護牠們的安全,差不多就是這樣,你該做的就是這些了。不過感謝老天,幸好對我們多數人來說,所謂照護不只是滿足別種生物的基本需求而已。對我來說,在經歷

過軍中生活之後，照護渡鴉的意義在於讓我融入了另一個家庭、學習信任以及被信任、了解牠們的需求，當牠們高興、沮喪、生氣、寂寞時能陪伴左右，以及當牠們需要我幫忙時，我會盡一切所能協助。

如果要總結我的渡鴉照護哲學的話，會是這樣的：動物就像我們一樣也是獨立個體，牠們值得尊重以待。就像近衛軍儀仗衛士一樣，倫敦塔渡鴉也有一份工作要做：維護傳統，提醒著我們的過往。牠們獲得的回報就是免費的食宿。牠們仰賴我們，我們也仰賴著牠們。就是這樣。

若你對鳥兒有興趣，卻像幾年前的我一樣不知從何開始的話，我建議你可以先研究一種特定的鳥兒，千萬別一次鑽研所有物種。選一種你喜愛的鳥兒，或是在某方面令你著迷的鳥兒，不管什麼鳥兒都可以，鵝、天鵝、麻雀或是鷹都行。鑽研鳥兒就像研究其他東西，重點在於耐心和毅力，還有反覆把小事情做對。著手了解你的鳥兒，留心牠們奇異的特質、牠們的身形、飛翔姿態、牠們的鳥鳴，還有走路的步態。研究牠們的腳爪、羽毛、尾羽，注視牠們的眼睛。

找幾本書來看，先從簡單的開始，再逐步深入研究該領域的名家巨擘：貝恩德‧海因里希（Bernd Heinrich）、約翰‧馬茲魯孚和柯琳‧馬茲魯孚夫妻檔（John and Colleen Marzluff）、

奧斯卡‧海因洛特和卡薩琳娜‧海因洛特夫妻檔（Oskar and Katharina Heinroth）、康拉德‧羅倫茲（Konrad Lorenz）、艾博哈‧格溫納（Eberhard Gwinner）。慢慢來。追根究柢，保持好奇心。

我最後的建議如下：說到底，想了解鳥兒，你就得像鳥兒一樣思考。聽起來是很可笑，但我相信靠著一點努力和想像力，至少可以從牠們的視角看事情，進而開始了解牠們的行為動機、牠們的感受，還有為什麼牠們和我們是如此相似，卻又天差地遠。

●

非常感謝你讓我分享我對倫敦塔渡鴉的熱愛，也許我可以請你幫我個忙作為回報吧？

等我們現在的渡鴉都走了好多年之後，而我也前往天空中那片遼闊的渡鴉圈地，你可能會去拜訪倫敦塔，也許會有隻渡鴉叫做斯卡夫，牠會用著只有渡鴉能表現出的方式看著你。別靠太近哦，牠可能會咬人，但或許你能替我向牠問聲好。

吭顆、吭顆，吭顆、吭顆。

| **渡鴉大師**──我與倫敦塔的渡鴉 | **Chapter 28**

Chapter 29

Rising Above
展 翅 高 飛

最後檢查時間：23:00

現在又只剩我和渡鴉了。倫敦塔一片黑暗，大家都已經酣然入睡。

我起身前往綠地，幫梅林娜打開牠的暗箱。牠是最晚睡覺的渡鴉。牠總要等到其他渡鴉全都飛進圈地裡準備過夜後，才願意去睡覺。牠甚至常常整夜不睡，待在屋頂上熬夜。看來今晚牠是打算待在那裡了，看看風景以及思考。

將近一千年以前，有座偉大的堡壘建在泰晤士河的北岸河濱，就蓋在古羅馬帝國要塞的地基上；這座雄偉的堡壘聳入雲霄，英格蘭土地上的人從未見過如此巨大的堡壘。設計堡壘的目的是為了保障安全，但同時提醒著這座城市的市民們——他們已被征服。

超脫這一切世事在天空翱翔的，是渡鴉。

牠們如今依然在空中翱翔。

Appendix
附錄：1946年起歷任渡鴉大師

一九四六年以前，很少或甚至可說沒有證據顯示有特定的近衛軍儀仗衛士被指派負責照顧渡鴉。因此，一般認為，照顧鳥兒們的任務可能落在軍需官肩上，不然就是在近衛軍儀仗衛士的監督下，由駐守士兵餵食牠們。

軍需官 [1]

亨利・湯瑪士・約翰斯（Henry Thomas John），軍團士官長
康沃爾公爵輕步兵團

（1946 至 1969 年間，由軍需官負責照顧渡鴉。）

近衛軍儀仗衛士編號：230

在職期間：1946 － 1970

渡鴉・大師

約翰・威名頓（John Wilmington），大英帝國勳章受勳人，軍士長

女王第四輕騎兵隊／皇家愛爾蘭驃騎兵團

---

1 1969 年起，由軍需官正式更改為渡鴉・大師。

渡鴉大師任期：1969 － 1992

近衛軍儀仗衛士編號：282

在職期間：1968 － 1992

渡鴉大師 [2]

大衛・亞瑟・柯普（David Arthur Cope），陸軍上士

皇家海軍陸戰隊

渡鴉大師任期：1992 － 2000

近衛軍儀仗衛士編號：321

在職期間：1982 － 2000

渡鴉大師

德瑞克・柯爾（Derrick Coyle），皇家維多利亞勳章受勳人，

軍團士官長

綠衣軍團

渡鴉大師任期：2000 － 2009

近衛軍儀仗衛士編號：329

在職期間：1984 － 2009

---

2 隨時間更迭，從渡鴉・大師誤寫為渡鴉大師。

渡鴉大師

雷（洛基）・史東（Ray (Rocky) Stones），陸軍上士

蘇格蘭衛隊

渡鴉大師任期：2009 － 2011

近衛軍儀仗衛士編號：368

在職期間：2000 － 2011

渡鴉大師

克里斯・斯卡夫（Chris Skaife），陸軍上士

女王團／威爾斯王妃皇家軍團

渡鴉大師任期：2011 年迄今

近衛軍儀仗衛士編號：379

在職期間：2005 年迄今

Reading List
建議閱讀清單

・**與渡鴉、鳥類以及其他動物有關的書籍**

Angell, Tony. *Ravens, Crows, Magpies and Jays.* Seattle: University of Washington Press, 1978.

Armstrong, Edward A. *The Folklore of Birds: An Enquiry into the Origin and Distribution of Some Magico-Religious Traditions.* London: Collins, 1958; 2nd ed., rev. & enl., Mineola, N.Y.: Dover Publications,1970.

Bekoff, Mark. *Minding Animals: Awareness, Emotions, and Heart.* Oxford and New York: Oxford University Press, 2002.

Blunt, Wilfrid. *Linnaeus: The Compleat Naturalist*, rev. ed. Princeton: Princeton University Press, 2001. 維爾佛里德‧布蘭特,《林奈傳:才華橫溢的博物學家》(北京:商務印書館,2017)

Bonner, John Tyler. *The Evolution of Culture in Animals.* Princeton: Princeton University Press, 1980.

Capote, Truman. *A Capote Reader.* New York: Random House,

1987.

Dixon, Charles. *The Bird-Life of London*. London: William Heinemann, 1909.

Dolan, Edward F. *Animal Folklore: From Black Cats to White Horses*. New York: Ivy Books, 1992.

Emery, Nathan J. Bird Brain: *An Exploration of Avian Intelligence*. Princeton: Princeton University Press, 2016.

Feher-Elston, Catherine. *Ravensong: A Natural and Fabulous History of Ravens and Crows*. Flagstaff, Ariz.: Northland Publishing, 1991;repr. New York: Jeremy P. Tarcher / Penguin, 2005.

Fisher, James. *The Shell Bird Book*. London: Ebury Press and Michael Joseph, 1966.

Gill, Sam D., and Irene F. Sullivan. *Dictionary of Native American Mythology*. Oxford and New York: Oxford University Press, 1992.

Goodchild, Peter. *Raven Tales: Traditional Stories of Native Peoples*. Chicago: Chicago Review Press, 1991.

Goodwin, Derek. *Crows of the World*, 2nd ed. London: Natural History Museum Publications, 1986.

Heinrich, Bernd. *Mind of the Raven: Investigations and Adventures with Wolf-Birds*. New York: Cliff Street Books / HarperCollins, 1991.

———. *Ravens in Winter.* New York: Summit Books, 1989.

Hudson, W. H. *Birds and Man*, rev. ed. London: Duckworth & Co., 1915.

Lawrence, R. D. *In Praise of Wolves*. New York: Henry Holt, 1986.

Leeming, David Adams, with Margaret Adams Leeming. *A Dictionary of Creation Myths*. Oxford and New York: Oxford University Press, 1994.

Lorenz, Konrad. *King Solomon's Ring: New Light on Animal Ways*. London: Methuen, 1952; repr. London, Routledge Classics, 2002. 康拉德‧勞倫茲《所羅門王的指環：與蟲魚鳥獸親密對話》（台北市：天下文化，2019）

Marzluff, John M., and Tony Angell. *In the Company of Crows and Ravens*. New Haven, Conn.: Yale University Press, 2005.

O'Casey, Sean. *The Green Crow*. New York: George Braziller, 1956.

Ratcliffe, Derek. *The Raven: A Natural History in Britain and Ireland.* London: T and AD Poyser Ltd., 1997.

Ritvo, Harriet. *The Animal Estate: The English and Other Creatures in the Victorian Age.* Cambridge, Mass.: Harvard University Press, 1989.

Rothenberg, David. *Why Birds Sing: A Journey into the Mystery of Bird Song.* New York: Basic Books, 2005.

Rowland, Beryl. *Birds with Human Souls: A Guide to Bird Symbolism.* Knoxville: Universityof Tennessee Press, 1978.

Savage, Candace. *Bird Brains: The Intelligence of Crows, Ravens, Magpies, and Jays.* San Francisco: Sierra Club Books, 1995.

Sax, Boria. *City of Ravens.* London and New York: Duckworth Overlook, 2011.

Swainson, Charles. *The Folk Lore and Provincial Names of British Birds.* London: Elliot Stock, 1886. Turville-Petre,

E.O.G. *Myth and Religion of the North: The Religion of Ancient Scandinavia.* New York: Holt, Rinehart and Winston, 1964.

Wilmore, Sylvia Bruce. *Crows, Jays, Ravens and Their Relatives.* Exeter, Devon, U.K.: David and Charles, 1977.

Woolfson, Esther, *Corvus: A Life with Birds.* London: Granta Books, 2008; Berkeley, Calif.: Counterpoint, 2009.

·與倫敦塔、大英帝國以及民俗傳說有關的書籍

Abbott, Geoffrey. *Mysteries of the Tower of London.* Nelson, Lancashire, U.K.: Hendon Publishing, 1998.

Ackroyd, Peter. *Albion: The Origins of the English Imagination.* London: Chatto and Windus, 2002; New York: Nan A. Talese / Doubleday, 2003.

Bell, W. G. *The Tower of London.* London: Lane, 1921.

Benham, William. *The Tower of London.* London: Seeley and Co., 1906.

Borman, Tracy. *The Story of the Tower of London.* London: Merrell Publishers in association with Historic Royal Palaces, 2015.

Brooke-Hunt, Violet. *Prisoners of the Tower: Being an Account of some who at divers times lay captive within its walls.* London: Dent, 1899.

Dixon, William H. *Her Majesty's Tower*, 7th ed. 2 vols. New York: Thomas Y. Crowell, 1884. Orig. pub. 1869.

Hahn, Daniel. The *Tower Menagerie: Being the Amazing True Story of the Royal Collection of Wild and Ferocious Beasts*. New York: Simon & Schuster, 2003.

Harper, C. G. *The Tower of London: Fortress, Palace and Prison*. London: Chapman and Hall, 1909.

Impey, Edward, and Geoffrey Parnell. *The Tower of London: The Official Illustrated History*. London: Merrell Publishers, 2000.

Leigh, Felix. *London Town*. London: Marcus Ward, 1883.

Loftie, W. J. *Authorized Guide to the Tower of London*. London: H. M. Stationery Office, 1888.

Mears, Kenneth J. *The Tower of London: 900 Years of English History*. London: Phaidon, 1988.

Murphy, Clare, and David Souden, eds. *Prisoners of the Tower: The Tower of London as a State Prison, 1110–1941*. Hampton Court Palace, Surrey, U.K.: Historic Royal Palaces, 2004.

Newbery, Elizabeth. *Tower Power: Tales from the Tower of London*. Hampton Court Palace, Surrey, U.K.: Historic Royal Palaces, 2004.

Rowse, A. L. *The Tower of London in the History of England.* New York: Putnam, 1972.

Westwood, Jennifer, and Jacqueline Simpson. *The Lore of the Land: A Guide to England'Legends, from Spring-Heeled Jack to the Witches of Warboys.* London: Penguin, 2005.

Wilson, Derek. *The Tower of London: A Thousand Years*, 2nd rev. ed. London: Allison and Busby, 1998. Orig. pub. 1978.

Younghusband, George. *A Short History of the Tower of London.* London: Herbert Jenkins, 1926.

———. *The Tower from Within.* London: Herbert Jenkins, 1918.

Acknowledgments
致　謝

　　真想不到在某個溫暖的晚上，我坐在近衛軍儀仗衛士俱樂部裡和朋友小酌幾杯，竟然會引領我踏上一段史詩般的旅程，進入錯綜複雜的出版世界。出版這本書是基於興趣，我已經見過人生許多高潮和低潮了。

　　所以，在我開始感謝陪伴我度過這整趟旅程的傑出人物之前，我要先謝謝我生命中兩位非常特別的人，若沒有她們的愛與支持，這本書肯定依然還只是個夢想。

　　潔絲敏，感謝妳所有的愛與支持，還有蛋糕！妳就是我的全世界，沒有妳的話我什麼也不是。我愛妳，親一個。

　　米凱拉，妳永遠都是我的寶貝女兒，妳的每一面都美，我真以妳為榮。我愛妳，親一個。

　　當我小時候在死氣沉沉的多佛成長時，有誰曾想過我居然會成為書寫倫敦塔知名渡鴉的作者？肯定不是我的學校老師，或是揪住我衣領、把我從正打算偷開走的福特安格利亞拖下車的警察！

我這輩子都盡量讓自己環繞在會說「你辦得到」的人身邊，而不是「你辦不到」。你有兩種觀點可選：還有半杯滿的水，或只剩半杯水。而我則喜歡讓杯子溢到杯緣。

　　說到滿杯的水，我要舉杯向我的好友琳熙・費茲哈里斯（Lindsey Fitzharris）還有艾卓安・提歐（Adrian Teal）致謝，他們逼我進行了無數次的倫敦塔導覽，還有和任何願意傾聽我們嚷嚷瘋狂點子的人碰面。他們已經逼我喝下海量的琴酒（牛肉食客嘛，當然囉），並且總是相信我。乾杯！

　　有時候我們會遇見注定能豐富並且改變我們一生的人，戴文・馬佐尼（Devon Mazzone）和法勒、施特勞斯和吉魯出版社（Farrar, Straus and Giroux）的團隊就是這樣的人。戴文，謝謝你這麼熱愛鴉科鳥類，並且對我有先見之明及信念，相信我能講述我摯愛的渡鴉的故事。

　　Ross Yoon Agency 的安娜・史鮑爾拉特莫（Anna Sproul-Latimer），我要壓壓我的羽毛帽向你致意，感謝你擔任我的經紀人，承擔起這麼龐大的任務。若你有翅膀，你一定會是天使，但可能是個頗黑的天使！一路走來，我們非常感謝你的耐心和指引。

　　感謝我在法勒、施特勞斯和吉魯出版社的編輯──艾曼達・

穆恩（Amanda Moon）和柯林・迪克曼（Colin Dickerman），非常感謝你們的辛勞，你們和貴團隊現在也融入倫敦塔的歷史之中了。艾恩・桑賽姆（Ian Sansom），你在哪呢，先生？好的，你總是陪著我、看顧著我並傾聽我無盡的漫談，你的耐心和專注細節的用心無與倫比，你是真正的紳士和文豪，是你賦予倫敦塔渡鴉的故事生命，我對你感激不盡。

歷史皇家宮殿的約翰・布朗（John Brown）和詹姆斯・莫利葛圖（James Murly-Gotto），感謝你們。約翰，你是我最大的支持者，從一開始就對我大力相挺。詹姆斯，這整段過程都有你的陪伴，感謝你以我的名義立下天大苦功，期待能看著你的孩子在綠地渡鴉的相伴下成長。

由衷感激所有歷史皇家宮殿的職員，特別感謝凱薩琳・史蒂文頓（Catherine Steventon）還有莎拉・基爾比（Sarah Kilby）讓我保持正直坦蕩。還要感謝「渡鴉團隊」的薛迪、巴尼、馬克、史提夫和傑斯，感謝你們天天忍受我的瘋癲，感謝過去以及現在任職於倫敦動物學會（London Zoological Society）的獸醫們，謝謝你們這些年來對渡鴉的照顧。

感謝奈森・艾默利博士（Dr. Nathan Emery）對鴉科鳥兒的愛與奉獻，還派了他在倫敦瑪麗王后大學（Queen Mary University of London）的學生前來協助我。博利亞・薩克斯（渡

鴉之城），你是對的！感謝你驚人的貢獻。洛莉・博琪爾（Lori Burchill），感謝你的好意並且讓渡鴉團隊融入你的家庭。我們非常想念馬汀，一定會為你好好照顧哈利斯的。

感謝所有在社群媒體上，對我的發文天天按讚、分享和留言，並欣賞我拍的渡鴉照片、故事和俏皮話的追蹤者。社群媒體的力量啊！讓我們好好使用它，這樣好玩多了！

自從我擔任渡鴉大師以來，照顧倫敦塔的渡鴉已經成為我生命中固定的工作，有鑑於此，牠們讓我的生活更加豐富，並且帶給我無限啟發，但或許我已經過度和親友分享我的熱情了！由於渡鴉已經成為我生命中的重心，牠們也成了我家人生命中重要的一部分。

我要謝謝你們大家忍受我早出晚歸，追著渡鴉到處跑，還有無止盡暢談渡鴉的滑稽舉止，尤其是你們多數人都比較喜歡電動工具……史都華！

孩子們教會我們太多事情，而我生命中遇見的孩子當然也不例外！

弗林，謝謝你傾聽我無盡的童年故事，儘管你媽媽不總是對我較具啟發性的故事感到非常高興！洛蒂，你總是對我的蠢笑話放聲大笑，你真的非常特別！謝謝你對我這麼捧場。佛格斯，我

們一路看著你成長為優秀的好青年，一起幫忙餵食渡鴉和體驗倫敦塔的生活，謝謝你讓我還有渡鴉成為你童年回憶的一部分。

小查理，千萬別失去你對倫敦塔以及高貴渡鴉的熱愛，你來拜訪我們時，那永遠興奮的神情讓我深受激勵。

有兩位少女也常常來拜訪我。妮雅和伊琪可以背出所有渡鴉的名字，晚上時還樂意幫忙我叫渡鴉上床睡覺。她們還常打電話來問我關於下一份學校報告的資訊！這為我帶來無盡的歡笑及娛樂，因此「克里斯多福‧羅賓」要大大地感謝你們，她們都是這樣叫我的。

我要感謝在這整段過程中被我冷落的朋友，是誰你們自己心裡有數，我保證我很快就會出關了，至少會出關一陣子囉。

最後，我要感謝渡鴉。牠們不會知道，我也懷疑牠們是否在乎，但牠們已經在無意間永遠改變了我的生命，讓我這一生充滿歡樂……我對牠們已經別無所求。我特別要感謝霧尼，可惜在出版本書期間，渡鴉霧尼因衰老的併發症已經過世了，牠的伴侶朱比利、渡鴉團隊，還有所有歷史皇家宮殿的職員，都會永遠想念牠在倫敦塔的時光。

Ciel

渡鴉大師
我與倫敦塔的渡鴉

Ravenmaster: My Life with the Ravens at the Tower of London

作　　者─克里斯多福・斯卡夫（Christopher Skaife）
譯　　者─周彧廷
發 行 人─王春申
總 編 輯─李進文
編輯指導─林明昌
責任編輯─鄭　莛
封面設計─謝捲子
內頁排版─黃馨儀

業務組長─陳召祐
行銷組長─張傑凱
出版發行─臺灣商務印書館股份有限公司
　　　　　23141 新北市新店區民權路 108-3 號 5 樓（同門市地址）
　　　　　電話◎(02) 8667-3712　傳真◎(02) 8667-3709
讀者服務專線◎0800056196
郵撥◎0000165-1
E-mail◎ecptw@cptw.com.tw
網路書店網址◎www.cptw.com.tw
Facebook◎facebook.com.tw/ecptw

局版北市業字第 993 號
初　　版：2019年8月
定　　價：新台幣 350 元
法律顧問：何一芃律師事務所
有著作權・翻印必究
如有破損或裝訂錯誤，請寄回本公司更換

台灣商務官網　　臉書專頁

渡鴉大師：我與倫敦塔的渡鴉 / 克里斯多福‧
斯卡夫(Christopher Skaife)著；周彧廷譯.
-- 初版. -- 新北市：臺灣商務, 2019.08
272面；14.8x21. -- (Ciel)
譯自:The Ravenmaster : My life with the Ravens
  at the Tower of London
ISBN 978-957-05-3210-4(平裝)

1.斯卡夫(kaife, Christopher, 1965-) 2.傳記

784.18   108006288

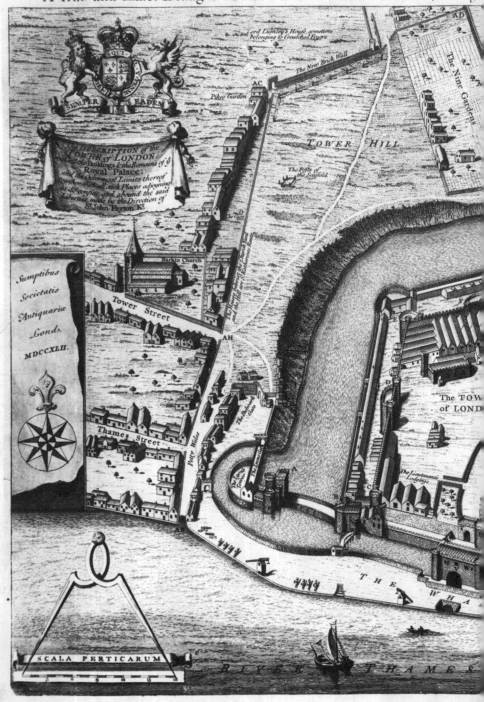

QUI

SEMPER EADEM

DESCRIPTION of the
TOWER of LONDON
with the Buildings & the Remains of ye
Royal Palace
and the Outermost Limits thereof
together with all such Places adjoyning
as are contayne and abound the said
Liberties, made by the Direction of
Sr. John Peyton Kt.

Lord Lumley's House, sometime
belonging to Greshal Esqrs.

The New Brick Wall

AC

Place Garden

TOWER HILL

The Nine Gardens

AD

The Posts of
the Scaffold

Sumptibus
Societatis
Antiquariæ
Londs.
MDCCXLII.

Barkin Church

Tower Street

AH

The Wall between the Church Yard
and the Hill near Barkin Church

The Tower

The New
Tower

The Bulwark Gate

Petty Wales

Thames Street

The Bulwark Gate

The Byward Tower

The TOW
of LOND

The Lieutenants Lodgings.

E

D

C

B

SCALA PERTICARUM

THE WHA

RIVER THAMES

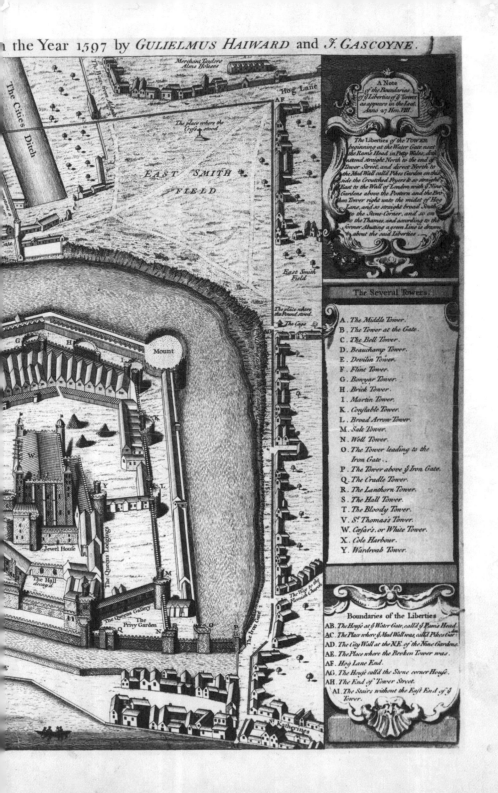

n the Year 1597 by GULIELMUS HAIWARD and J. GASCOYNE.